수능**국어**
개념사전

수능국어
개념사전

수능 국어 개념 정리의 해결서

유정민·정재현·심민경 지음

국어 영역 문제 풀이를 위해 꼭 알아야 할 핵심 개념
수능 기출 어휘, 문법, 속담, 고사성어 포함

스타북스

책을 펴내며

인생이나 공부에서 가장 중요한 것은 기본기를 확실히 다지는 것이라 생각합니다. 기본기가 탄탄하면 인생에서 어떤 고난이 닥치더라도 좌절하지 않고 바른길을 가듯이, 수능 공부에서도 기본 개념을 확실히 익힌 수험생은 수능의 난이도에 상관없이 좋은 결과를 얻게됩니다. 그래서 국어 공부에서는 용어와 개념에 대한 공부가 더욱 중요합니다.

수능 국어 개념사전은 예전 국어개념을 확실하게 정리하여 많은 선배 수험생들에게 인기리에 판매되었던 국어키워드 교재를 이번에 수정보완하여 재출간하게 된 교재입니다. 이 교재는 수능에서 가장 중요하게 출제되는 독서와 문학의 개념을 시중 어떤 교재보다 쉽고 완벽하게 정리하였습니다. 따라서 이 교재를 학교 내신공부나 수능 공부에 효과적으로 활용하면 여러분들의 국어 공부에 좋은 가이드북이 되어서 여러분들이 원하는 성적향상을 이루리라 확신합니다.

인생에서나 수능 공부에서 더디지만 바르고 정확한 길, 기본기를 정확하게 다지는 길을 통해 언제나 여러분들이 원하는 꿈을 이루길 소망합니다. 이 교재 출간을 위해 수고하신 정재현, 심민경 선생님께도 감사의 인사를 전합니다.

2024년 5월
저자를 대표하여 유정민

차례

PART 1
시

PART 2
소설

PART 3
비문학(독서)

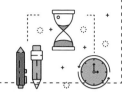

부록

PART 1

시

시를 감상하는 방법

　아는 작품이 나와도 어려운 판에 낯선 작품이 나오면 무조건 패스하려고 하지마. 무조건 답은 시 안에 있는거야. 알겠니? 시 작품을 감상하는 방법에 대해서는 샘들마다 다양한 견해가 있어. 그래서, 너희들도 어디에 장단을 맞춰야 할지 모를 때가 많을거야. 그렇다고 해서 언제까지 멍때리고 있을 수만은 없잖니! 강의하면서 연구했던 선생님만의 독해법을 제시해 줄테니, 더 이상 우물쭈물 거리지 말고 이 방법대로 적용하고 읽어내는 연습을 꾸준히 했으면 좋겠다. 이거 들으면 너희 떡실신 할꺼다 아마.

　기본적으로 시를 100% 다 이해하고 정리한다는 것은 너희들에게 불가능하다!(너무 무시했다고 열받지 말아라......^^^^^) 그래서, 확인할 수 있고 알 수 있는 내용만 가지고 핵심에 접근해보자.

　제일 먼저 **제목을 봐라.** 제목은 시인이 작품에서 가장 중요하게 생각하는 내용이나, 인상적인 부분을 제목으로 정한단다. 그래서 제목만으로도 대충 이 시가 어떤 내용인지를 생각할 수 있어. 일단 대충이라도 작품의 감을 잡는 것이 젤 중요해. 알았지?

두 번째로는 **시어를 봐라.** 시어에는 화자의 정서를 나타내는 단어들이 들어있어. 예를 들면, 김광균의 추일서정에 "고독한 반원을 긋고 잠기어 간다."에서 처럼, 시어를 보면 화자의 정서를 추리할 수 있어. 그리고 시어를 보면서 시어가 긍정(+)인지 부정(-)인지를 확인하면 시에 대한 감이 팍 온다.

세 번째는 **내가 가장 아끼고 사랑하는 방법이야.** 이건 인강이고 현강이고 누구도 하는 인간이 없다. 왜냐하면, 시간을 투자해야하는 삽질이 필요하거든. 무슨 방법인지 궁금하지? 그것은 시 작품에 쓰여져 있는 글자 그대로 쭉 읽어나가면서 한 연 한 연의 (이거 무슨 욕 같은데.......) 핵심내용을 독해하는 거야. 왜냐면 시도 한 편의 글이니까 좀 어려워서 그렇지 충분히 독해할 수 있어. 쌤은 현대시 수업시간에 이 방법을 95%이상 사용해. 어때 확실한 방법이지.

핵심내용이 뭔지 잘 모를 때는 주어 - 목적어 - 서술어 위주로 독해한다. 꾸며주는 말은 독해할 필요없고......
어때? 지금까지 정리한 작품 감상법이 어려운 것은 아니지?

이렇게 시를 읽어 가면서
1. **화자가 처한 현실**을 생각해보고
(사랑하는 사람과 이별한 상황, 죽은 친구를 그리워하는 상황.....)
2. **이런 상황 속에서 느끼는 화자의 정서**를 찾아보고
(슬픔, 안타까움, 고독...)
3. **시적 화자의 태도**를 찾으면 게임 오버야.(체념, 적극적인 의지)
어때 깔끔하지?

TIP 시 작품 감상법

❶ 제목을 본다.

❷ 시어를 본다.

❸ 쓰여진 글자 그대로 독해한다.

작품 감상법

작품 감상법은 말 그대로 작품을 감상하는 방법이야. 그렇다면 작품을 보지 않고 감상을 한다는 것은 있을 수 없겠지? 그래, 그렇지! 똑똑한 것들^^ 작품 감상법에는 말이야,

작품 자체만을 중시하는 감상 방법이 있고 - **내재적 관점**
작품과 작품의 외적인 것을 감상하는 방법이 있어 - **외재적 관점**

내재적 관점

말 그대로 작품 안에서 작품을 감상하는 거야. 작품 안의 내용이나 형식, 표현 등만을 가지고 작품을 이해하는 것이라고 할 수 있지. 한마디로 오직 작품 자체, 작품 안에서만 감상하는 거지.

예를 들면 시어의 함축적 의미, 시상, 이미지, 표현법 등을 들 수 있어. 다른 말로는 작품을 이해하고 감상하고 평가하는 기준이 오직 작품 내에만 들어있다고 해서 '절대론적 관점'이라고 하기도 하고, 우리 눈 앞에 존재하는 작품 자체만 가지고 작품을 이해해야 하는 관점이라고 보아 '존재론적 관점'이라고 부르기도 한단다.

외재적 관점 ─────────────────────

외재적 관점이란 작품을 감상하되 작품 바깥에도 관심을 두는 감상 방법이야. 작품 속에 나타나 있는 작가의 체험은 무엇인지(표현론적 관점), 작품이 씌어진 '시대'에는 무슨 일이 있었는지(반영론적 관점), 이 작품을 읽는 '독자'는 무엇을 느끼고 어떤 생각을 하게 될지(효용론적 관점)에 초점을 맞춰서 작품을 감상하는 3가지 방법이 있어. 공부하는 김에 좀만 더 자세히 정리해보자! 먹을 때는 먹는게 남는거고! 공부할 때는 하는게 남는거다!!

외재적 관점을 세 가지로 분류해 본다면?^^
먼저, **표현론적 관점**을 살펴 볼거야. 표현론적 관점이란, 작품이 '작가'의 체험이나 생각(사상), 정서를 '표현'해 놓은 것이라고 보는 관점이야. 한마디로 작품과 작가에만 포인트를 두는 감상방법이야.

다음으로, **반영론적 관점**이야. 반영론적 관점은 작품을 감상하되 작품이 쓰여진 시대 현실에 감상의 초점을 두는 방법이야. 작품이 '시대현실'을 그대로 '모방'해놓은 것이라는 의미에서 모방론적 관점이라고도 해. 작품을 접하다 보면 광복을 배경으로한 작품도 있고, 6.25전쟁을 배경으로한 작품도 있듯이 말이야!!

마지막으로 **효용론적 관점**이야. 효용론적 관점이란, 작품이 독자에게 어떤 '효용(쓸모)'를 줄 것인지를 중심으로 작품을 감상하고 평가해야 한다는 관점이야. 독자가 작품을 '수용'하는 데 초점을 맞춘 감상방법이어서 수용론적 관점이라고도 해.

다시 한 번 깔끔하게 정리해 볼까?

내재적 관점	외재적 관점	
	작품 – 작가	표현론적
작품 자체(내부)	작품 – 시대 현실	반영론적
	작품 – 독자	효용론적

시적 화자

시적 화자라는 말 시 공부하면서 많이 들어 봤을 거야. 그런데 시적 화자에 대해서 모르는 친구들이 더러 있더라구. 시적 화자란 시에서 말하는 사람을 뜻하는 말로서 시적 자아, 서정적 자아라고도 해.

그런데!!! 여기서 주의할 것! 시적 화자는 시인의 사상이나 정서가 투영된 인물이기는 하지만 원칙적으로 시인과 동일인으로 생각해서는 안 돼!!!

그럼 수능에서 시적화자에 대한 문제가 어떻게 출제 되는지 볼까? 수능에서 시적 화자와 관련된 문제는 시적 화자의 태도(시적 상황에 대해 화자가 어떤 태도를 가지는가)와 시적 화자의 정서(시적 상황에 대해서 화자가 가지는 모든 감정-기쁨, 슬픔, 체념, 그리움, 안타까움 등)를 반드시 출제하니까 확실하게 정리하고 넘어가야해!

먼저 시적 화자의 태도를 파악하기 위해서는 시적화자가 처한 시적 상황을 파악하고, 그런 상황 속에서 시적 화자가 취하는 태도나 생각을 살핀다면 쉽게 답을 찾을 수 있단다. 이런데서 국어영역 시간을 단축해 가는 거야!! 알겠니!

까마득한 날에
하늘이 처음 열리고
어디 닭 우는 소리 들렸으랴.

모든 산맥들이 바다를 연모해 휘달릴 때도
차마 이곳을 범하던 못하였으리라.

끊임없는 광음을
부지런한 계절이 피어선 지고
큰 강물이 비로소 길을 열었다

지금 눈 내리고
매화 향기 홀로 아득하니
내 여기 가난한 노래의 씨를 뿌려라

다시 천고의 뒤에
백마 타고 오는 초인이 있어
이 광야에서 목놓아 부르게 하리라

— 이육사, 『광야』

▷ 눈내리는 상황속에서 노래의 씨를 뿌리고자 하는 **의지적 태도**

무너지는 꽃이파리처럼
휘날려 발 아래 깔리는
서른 나문 해야

구름같이 피려던 뜻은 날로 굳어
한 금 두 금 곱다랗게 감기는 연륜年輪

갈매기처럼 꼬리 덜며
산호珊瑚 핀 바다 바다에 나려앉은 섬으로 가자

비취빛 하늘 아래 피는 꽃은 맑기도 하리라
무너질 적에는 눈빛 파도에 적시우리

초라한 경력을 육지에 막은 다음
주름 잡히는 연륜年輪마저 끊어버리고
나도 또한 불꽃처럼 열렬히 살리라

— 김기림,『연륜年輪』

▷ 초라한 경력의 연륜을 끊고 산호 핀 바다 내려앉은 섬으로 가서 불꽃처럼 열렬히 살고자 하는 **의지적 태도**

· 현실을 도피하고 이상을 추구하고 있다.
· 이상과 현실을 대비하여 초월적 세계를 지향하고 있다.
　　　　　⇒ 현실을 벗어난 새로운 세상
· 현실과 거리를 둠으로써 주어진 운명을 초월하고자 한다.

· 현실과 이상의 조화를 추구하는 것으로 볼 수 있다.

· 현실에 대해 냉소하고 있다.

⇒ 차가운 비웃음

· 현실에 대한 극복 의지를 보인다.

· 현실 상황에 대하여 체념하고 있다.

⇒ 포기

· 그리움의 정서가 들어 있다.

· 상대방을 원망하고 있다.

· 헤어짐의 상황을 받아들여 기다림으로 극복하고자 한다.

· 사랑하는 대상과의 만남에 대한 기대가 드러나 있다.

· 화자는 자신의 현재 상황을 회의적으로 바라보고 있다.

⇒ 의심

· 화자 자신의 과거를 반성적으로 되돌아보고 있다.

· 유년기의 체험을 반추하고 있음을 보여 준다.

⇒ 어떤 일을 되새김.

· 바람직한 미래에 대한 신념을 그리고 있다.

· 시적 화자의 내적 갈등을 보여 준다.

· 삶과 죽음의 경계를 벗어나 영원으로 회귀하고자 한다.

· 자연 친화적인 삶의 태도가 나타나 있다.

· 시적 화자는 대상을 관조하고 있다.

⇒ 객관적으로 바라봄. (담담하게 바라봄.)

시적 화자의 정서

이제 시적 화자의 정서에 대해서 알아보자. 정서란 쉽게 말하면 감정이잖아. 그럼 화자의 정서를 파악하기 위해서 우리는 어디에 주목해야 할까? 그렇지! 시에서는 시적 화자의 말과 행동에 주목해야지. 시적 화자가 무슨 말을 했는지, 어떤 행동을 했는지, 무슨 생각을 했는지 등을 파악한다면 정서는 바로 OK~ ^^

TIP 시 작품 속에 반드시 이와 관련된 시어가 나옴.

어느 머언 곳의 그리운 소식이기에
이 한밤 소리 없이 흩날리느뇨.

처마 밑에 호롱불 야위어 가며
서글픈 옛 자취인 양 흰 눈이 내려

하이얀 입김 절로 가슴이 메어
마음 허공에 등불을 켜고
내 홀로 밤 깊어 뜰에 내리면

머언 곳에 여인의 옷 벗는 소리.
희미한 눈발
이는 어느 잃어진 추억의 조각이기에
싸늘한 추회追悔 이리 가쁘게 설레이느뇨.

한 줄기 빛도 향기도 없이
호올로 차단한 의상을 하고
흰 눈은 내려 내려서 쌓여
내 슬픔 그 위에 고이 서리다.

— 김광균,『설야』

▷ 눈 내리는 밤의 감회, 눈오는 밤의 추억과 애상, 눈 오는 밤의 정경과
  그리움.

그냥 넘어가면 서운하니까 우리 시적화자의 정서와 관련된 대표적
인 수능 용어도 살펴볼까?

· **고고**孤高: 세상과 떨어져 홀로 고상함.

북한산北漢山이
다시 그 높이를 회복하려면
다음 겨울까지는 기다려야만 한다.

밤사이 눈이 내린,
그것도 백운대白雲臺나 인수봉仁壽峰 같은
높은 봉우리만이 옅은 화장化粧을 하듯
가볍게 눈을 쓰고
왼 산은 차가운 수묵水墨으로 젖어 있는,
어느 겨울날 이른 아침까지는 기다려야만 한다.

— 김종길, 『고고』

·**내밀하고 섬세한 정서**: 섬세한 감정을 겉으로 드러내지 않고, 속에 담아 둠.

내 혼자 마음 날같이 아실 이
꿈에나 아득히 보이는가.
향 맑은 옥돌에 불이 달아
사랑은 타기도 하오련만
불빛에 연긴 듯 희미론 마음은
사랑도 모르리 내 혼자 마음은

— 김영랑, 『내 마음 아실 이』

·**무상감無常感**: 세상사 모든 것을 덧 없이 느낌.

기왕의 집 안에서 (이구년을) 늘 보았더니
최구의 집 앞에서 (명창을) 몇 번을 들었던가?
참으로 이 강남의 풍경이 좋으니
꽃 지는 시절에 또 너를 만나 보는구나

· **비애**: 슬퍼하고 서러워 하는 것.(슬픔)

> 초롱에 불빛 지친 밤하늘
> 구비구비 은하ㅅ물 목이 젖은 새,
> 참아 아니 솟는 가락 눈이 감겨서
> 제 피에 취한 새가 귀촉도 운다.
> 그대 하늘 끝 호올로 가신 님아.
>
> — 서정주,『귀촉도』3연

· **전통적 정서**: 한국인들의 전통적인 감정.(=이별의 정한)

> 나보기가 역겨워
> 가실 때에는
> 말없이 고이보내 드리우리다.
>
> — 김소월,『진달래꽃』

· **향수**: 고향을 그리워 함.

> 넓은 벌 동쪽 끝으로
> 옛 이야기 지즐대는
> 실개천이 휘돌아 나가고,
> 얼룩배기 황소가
> 해설피 금빛 게으른 울음을 우는 곳,

— 그 곳이 차마 꿈엔들 잊힐 리야.

— 정지용, 『향수』

· **회한**: 후회하고 한탄함.

산새도 오리나무
위에서 운다.
산새는 왜 우노.
시메산골 영嶺 넘어가려고 그래서 울지.

— 김소월, 『산』

· **고뇌**: 고통스러워하고 괴로워 함.

나의 지식이 독한 회의懷疑를 구救하지 못하고
내 또한 삶의 애증愛憎을 다 짐지지 못하여
병든 나무처럼 생명이 부대낄 때
저 머나먼 아라비아의 사막沙漠으로 나는 가자.

— 유치환, 『생명의 서』1연

시어의 함축적 의미

  시어는 뭐지? 그래! 시에 쓰인 단어지. 시에 쓰인 단어도 일상적 어휘를 사용하지만, 그 시어에는 시인의 생각을 나타내기 위한 숨어 있는 의미가 사용되어 있어. 이것을 우리가 함축적 의미라 해. 쉽게 말하면 사전에 나오는 1차적 의미 외에 제 3의 다른 의미를 말해.

  EX 태양 = ① Sun
          ② 광복, 해방, 희망

  TIP 시어의 함축적 의미는 그 자체만으로 풀면 안돼. 항상 꾸며 주는 말이나 앞 뒤 문맥을 보면 된다.

감정이입 vs 객관적 상관물

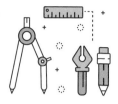

항상 우리 수업을 듣는 학생들의 질문 중 하나가 바로 감정이입과 객관적 상관물이야. 둘 다 비슷비슷 한 것 같은데, 뭐가 다른지 잘 모르는 경우가 많더라구. 그게 그거지!! 라고 생각하겠지만 아니거든요?^^^^^ 그 차이가 뭘까? 한눈에 들어오게 정리했으니까, 감상만 즐기지 말고 머릿속에 새기면서 읽어라!

감정이입이란 시적화자의 감정이 어떠한 사물(주로 자연물)에 동일감정으로 나타나 있는 것을 뜻해.

화자의 슬픔과 기쁨을 시에 쓰인 자연물을 통해서 똑같이 나타내는 거지. 아래 시를 한 번 볼까?

> 귀또리 저 귀또리 어여쁘다 저 귀또리
> 어인 귀또리 지는 달 새는 밤의 긴소리 자른 소리 절절이 슬픈 소리 저 혼자 울어예어 사창에 여윈 잠을 살뜨리도 깨우는구나

두어라 제 비록 미물이나 무인동방에 내 뜻 알리는 저 뿐인가 하노라.

▷ 슬픈 소리로 울고 있는 귀또리 = 슬픈 시적 화자의 감정이입

다음은 객관적 상관물. 졸지 말고, 눈 떠라 떠! 그래서 수능에서 만점 받을 수 있겠나!

객관적 상관물은 시적화자의 감정을 표현(환기;불러일으킴)하기 위해 사용된 사물이라는 점에서 감정이입과 동일하지만, 시적화자와 동일한 감정이 아닐 경우 또는 대조적으로 사용될 경우 객관적 상관물이라고 해. 예를 들어볼까.

펄펄 나는 꾀꼬리는
암수 서로 정다운데
외로운 이 내 몸은
그 누구와 함께 돌아갈꼬.

▷ 객관적 상관물

꾀꼬리는 화자가 헤어진 임을 생각하게 하는 소재로 사용되었지만 화자가 정다운 꾀꼬리의 감정과는 정반대의 심정을 느끼며 슬퍼하지?

TIP 객관적 상관물은 말 그대로 객관적으로 서로 상관이 있는 사물이야. 그 중에 시적 화자와 감정이 일치하면 감정이입, 그렇지 않은 나머지는 객관적 상관물. 오케이?

심상(이미지), 감각화

심상이란 눈을 감았을 때 마음 속에 떠오르는 상상이야. 쉽게 이미지라고 생각해도 되구..^^

예를 들면,

김기림의 시 '바다와 나비'에서 '새파란 초생달이 시리다'는 표현에는 시각적 이미지인 '새파란 초생달'과 촉각적 이미지인 '시리다'가 사용되었어.

어때 좀 감이 오니?

심상(이미지)의 종류

① 시각적 심상

시각적인 감각 형상을 바탕으로 형성되는 심상

⇒ 모양, 색채, 명암, 움직임

> 지나가던 구름이 하나 새빨간 노을에 젖어 있었다.
>
> — 김광균, 〈외인촌〉에서
>
> 비는 하이얀 진주 목걸이를 사랑한다.
>
> — 장만영, 〈비〉에서
>
> 좁은 들길에 들장미 열매 붉어
>
> — 신석정, 〈그 먼 나라를~〉

② 청각적 심상

청각적인 감각 현상을 바탕으로 형성되는 심상

⇒ 소리, 음성, 음향

> 접동

접동
아우래비 접동

— 김소월, 〈접동새〉에서

둥기둥 줄이 울면 초가 삼간 달이 뜨고

— 이완영, 〈조국〉에서

머리맡에 찬물을 쏴아 퍼붓고는

— 김동환, 〈북청 물장수〉에서

③ 후각적 심상

후각적인 감각 현상을 바탕으로 형성되는 심상 ⇒ 냄새, 향기

강한 향기로 흐르는 코피

— 서정주, 〈대낮〉에서

어마씨 그리운 솜씨에 향그러운 꽃지짐

— 김상옥, 〈사향〉에서

④ 미각적 심상

미각적인 감각 현상을 바탕으로 형성되는 심상 ⇒ 맛

맵고도 쓴 시간이 흘러가고

— 김용호, 〈주막에서〉에서

⑤ **촉각적 심상**

피부나 우리 몸에 느껴지는 감각현상을 바탕으로 형성되는 심상

⇒ 느낌

> 불현듯 아버지의 서느런 옷자락을 느끼는 것은
>
> — 김종길, 〈성탄제〉에서

⑥ **역동적 심상**

힘차고 격렬한 움직임을 나타내는 심상

> 푸름 속에 펄럭이는 피깃발의 외침
>
> — 박두진, 〈3월 1일의 하늘〉에서

⑦ **공감각적 심상**

한 종류의 감각을 다른 종류의 감각으로 전이시켜 표현한 것.

⇒ **감각의 전이**(시각의 청각화 등등.)

> 자욱한 풀벌레 소리 발길로 차며
>
> — 김광균, 〈추일서정〉

▷ 자욱한=시각, 풀벌레소리=청각 (청각의 시각화)

EX 금으로 타는 태양의 즐거운 울림(시각의 청각화)
관이 향기로운 너는(시각의 후각화)

동해 쪽빛 바람에(촉각의 시각화)
나는 향기로운 님의 말소리에 귀먹고(청각의 후각화)

아차, 빼먹을 뻔 했네!

공부하다 보면 원형적 심상이란 말이 등장할 때가 종종 있어.

원형적 심상은 이 책 뒤에 다시 나오는데, 지금 한번 봐두고, 그때 복습 겸해서 한번 더 보고 정리하면 쩐다. 원형을 생각하면 뭐가 떠오르니? 빙빙도는거? 그게 아니고, original한 형태!! 공부 좀 해라 제발.....ㅠㅠ

원형적 심상이란, 고대에서부터, 현대까지 되풀이되는 보편적인 이미지를 뜻하는 거야. 역사와 시대를 초월해서 오랫동안 전승된 이미지야. 이러한 심상은 태양, 달, 바다, 바람, 물 등 자연물을 통해 주로 나타나지.

예를 한 번 들어볼까?

우리 시에서 '달'의 심상은 오래 전부터 많이 나타나는데, '정읍사', '찬기파랑가', '원왕생가' 등을 보면, '달'이 작품 모두에서 공통적으로 광명이나 기원을 상징해. 바로 이런 것을 원형적 심상이라고 한단다. 이제 이해됐지?

달	광명, 기원의 대상	태양	생명력
물	정화, 풍요	하늘	신, 공간의 영원성

지금까지 심상을 살펴보았는데 가끔 선지에 감각화라는 단어도 뛰쳐나와서 머릿속을 테러하지ㅠㅠ. 감각화는 어떤 대상이나 내면의 상태를 감각을 통해 구체적으로 느끼도록 표현하는 것을 말해. 결국 심상과 같다고 생각하면 돼.

상승이미지 vs 하강이미지

이제 이미지는 정리 했고, 그런데 평가원 시험이나 수능에서는 상승이미지, 하강이미지라는 말이 선택지에 자주 등장한단 말이지. 말 그대로 상승 이미지는 상승(+)을 의미하고, 하강이미지는 하강(-)을 의미해. 상승과 하강을 구별 못하는 애들 있니? 그런데 시에서 사용될 때 막연하게 생각하면 그 시의 완벽한 감상은 빠잉~

상승이미지 ↑	위, 하늘, 태양, 난다, 열매…
하강이미지 ↓	땅, 떨어짐, 죽음, 낙엽…

이제는 감으로도 느껴지지?

이런 시어와 관련되면 100%야.

아래는 상승이미지와 하강이미지가 잘 드러나 있는 시 몇 편이니 제대로 읽어라! 감상만 즐기지 말고!!.

상승

꽃 사이 타오르는 햇살을 향하여
고요히 돌아가는 해바라기처럼
높고 아름다운 하늘을 받들어
그 속에 맑은 넋을 살게 하자.

가시밭길 넘어 그윽히 웃는 한 송이 꽃은
눈물의 이슬을 받아 핀다 하노니,
깊고 거룩한 세상을 우러르기에
삼가 육신의 괴로움도 달게 받으라.

괴로움에 짐짓 웃을 양이면
슬픔도 오히려 아름다운 것이,
고난을 사랑하는 이에게만이
마음 나라의 원광圓光은 떠오른다.

푸른 하늘로 푸른 하늘로
항시 날아오르는 노고지리같이,
맑고 아름다운 하늘을 받들어
그 속에 높은 넋을 살게 하자.

― 조지훈, 『마음의 태양』

▷ 햇살, 푸른 하늘, 태양의 떠오름 = **상승이미지**

이게 아닌데 이게 아닌데

온 혼魂으로 애타면서 속으로 몸 속으로 불타면서

버티면서 거부하면서 영하零下에서

영상零上으로 영상零上 오 도五度 영상零上 십삼도十三度 지상地

上으로

밀고 간다, 막 밀고 올라간다

온몸이 으스러지도록

으스러지도록 부르터지면서

터지면서 자기의 뜨거운 혀로 싹을 내밀고

천천히, 서서히, 문득, 푸른 잎이 되고

푸르른 사월 하늘 들이받으면서

나무는 자기의 온몸으로 나무가 된다

아아, 마침내, 끝끝내

꽃피는 나무는 자기 몸으로

꽃피는 나무이다

— 황지우,『겨울-나무로부터, 봄-나무에로』中

▷ 영하에서 영상으로 밀고 올라 감, 푸른 하늘을 들이받으며 꽃 피는 나
무 = **상승 이미지**

하강

관이 내렸다

밧줄로 달아 내리듯

하직했다

눈과 비가 오는 세상
열매가 떨어지면 툭 하는 소리가 ..

— 박목월, 『하관』 中

▷ 관이 아래로 내려짐 = **하강 이미지**

이화우 흩뿌릴 제 울며잡고 이별한 님
추풍낙엽에 저도 날 생각는가
천리에 외로운 꿈은 오락가락 하노매

— 계랑

▷ 배꽃 비 (이화우)가 떨어져 내림 = **하강 이미지**

색채대비

색채 모르는 친구들은 없겠지? 미술시간에 한번쯤은 들어봤겠지?!!... 말 그대로 색채는 색깔이야. 그렇다면 색채대비라는 말은 색깔을 대비해서 선명하게 보여주는 거야. 어떤 시어나 구절에서 이러한 색채 대비가 뚜렷하게 이루어지면, 자연스럽게 시각적 이미지가 분명해지는 효과가 나타나겠지. 아무래도 뚜렷하게 대비되면 눈에 띄니까!!

TIP 색채대비 = 시각적 이미지와 항상 연결됨.

> 어두운 방 안엔
> 바알간 숯불이 피고,
> 아, 아버지가 눈을 헤치고 따오신
> 그 붉은 산수유 열매-
>
> — 김종길, 『성탄제』

▷ **어둡다 ↔ 빨갛다** (색채대비)

어때? 작품을 보니까 확실하지!

복합감각 vs 공감각

감각이면 감각이지! 복합감각과 공감각이라니... 같은 말인 것 같은데 왜 이걸 따로 정리해뒀을까? 설마 샘이 분량늘리려고 그랬겠니... -_- 어떤 녀석이 그렇다고 삐약거리나!! 따로 정리한데는 다 이유가 있단다!! 차이가 있기 때문이지!!

공감각은 하나의 감각이 다른 감각으로 전이되는 것이고,
복합감각은 다른 대상에서 나타나는 두 개의 감각이 같이 나타나는 경우를 이야기 해.

예를 들면, '분수처럼 흩어지는 푸른 종소리'에서 '종소리가 푸르다'라는 의미가 성립되잖아. 종소리는 청각적 심상인데, 푸르다라고 했으니까 시각적 이미지로 전이되었다는 것이 이해가 되지? 이게 바로 공감각이고 청각의 시각화야.

그럼 복합감각도 예를 한 번 들어볼까?

관동별곡(이거 열라 어려운거다..) 중에 '들을 제는 우레러니 보니까 눈이로다'라는 구절이 나오는데, 이 내용은 멀리서 들을 때는 '우레'소리 같더니, 가까이 와서 보니 '눈이로다'라는 내용이 있지. 이것은 들

을 때의 청각적 감각과 볼 때의 시각적 감각이 같이 나오지만 감각의 전이는 없네. 따라서, 이런 경우를 복합감각이라고 해.

TIP 복합감각 - 감각의 전이가 없음
공감각 - 감각의 전이가 있음

상징

상징은 추상적인 개념이나 사상을 구체적이고 감각적인 사물로 표현하는 것을 말해. 어렵지? 쉽게 말하면,

추상적 개념	구체적 사물
(예수님의) 희생	십자가
절개, 지조	대나무
죽음	흰옷

어때? 이러니까 상징의 개념이 쉽게 이해가지?

문학에서는 이러한 상징을 크게 세 부분으로 나누지!

관습적 상징	오랜 세월동안 사회적 관습에 의해 보편적이고, 고정적으로 사용된 상징 예) 비둘기 = 평화, 백합 = 순결

개인적 상징	시인이나 작가가 개인적으로 창조한 상징 (개인적 상징 자체를 묻는 문제는 시험에 출제되지는 않는다.)
원형적 상징	모든 나라와 문학 작품 속에서 되풀이 되어 나타나는 상징 예) 물 = 정화, 풍요, 죽음 ☞ 수능에서 가장 중요한 상징!!!!!!!!!!

시상

시상詩想. 많이 들어봐서 알것 같지만, 아리까리하지? 그래서 기본 개념이 중요하다는거야!! 개념을 꼼꼼하게 파악하고 나면, 나머지는 그것들을 응용해나가면 되는데, 그게 안되니까 삽질한단 말이야. 시상이란, 시를 짓기 위해 떠올린 발상이나, 시에 나타난 생각 혹은 감정을 뜻해. 수능에서는 주로 후자(시에 나타난 생각 혹은 감정)를 의미한단다. 그렇다면 바로 뒤에 나오는 시상전개방식은 시에서 화자가 말하려고 하는 생각이나 감정(주제)을 어떻게 펼쳐 가는가를 묻는거란다!

시상전개방식

시상 전개 방식이라고 많이 들어봤지? 방금 위에서 봤잖아. 안봐도 눈에 선~하다. 이게 뭐지 하면서 다시 앞장으로 넘기는 놈들!!ㅋㅋ 감상만 즐기지 말고 제대로 읽어라 쫌!!!! 시상전개방식은 말 그대로 시상을 전개하는 방식이야. 우리가 글을 쓸 때 말이야, 말하고자 하는 주제가 있잖아. 우리가 그 주제를 효과적으로 표현하려면 어떻게 해야 되겠니? 주제를 잘 드러낼 수 있도록 수단과 방법을 가리지 않고 각양각색의 방법을 이용해야 하겠지? 주제! 주제는 가장 중요한거니까!! 아무것도 묻지도 따지지도 않고 제대로 드러나게 해야해. 어떻게든, 내가 말하고 싶은 것들을 그 안에 다 담아내야 하니까!! 따라서 시속에는 화자가 하고 싶은 얘기(시상)를 드러내기 위한 일정한 전개 방식이 있단다. 여러 전개 방식들을 예시 작품들과 함께 설명해줄게. 앞으로 시 공부하는데 있어서 지금 공부하는 시상전개방식은 시의 개요작성과 다름없으니 열심히 해두면 수능시험 준비는 문제 없을 거야!!

수미상응首尾相應, 수미쌍관首尾雙關

시의 처음과 끝을 동일하거나 유사한 시구로 구성하는 방법이야. 쉽게 말하면 1연과 마지막연이 비슷하다고 보면 돼. 앞뒤가 맞으니까 아무래도 좀 더 안정감 있어 보이겠지?

우리집 강아지는 미친강아지
학교갔다 돌아오면 야옹야옹야옹
고양이도 아닌 것이 야옹야옹야옹
우리집 강아지는 미친강아지

봐봐- 여기에서 우리집 강아지는 미친 강아지로 시작해서, 처음과 끝이 동일하게 끝났지? 이렇게 시가 쓰여지면 앞 뒤가 딱딱 맞아 떨어지니까 균형감 있어 보이고, 따라서 안정감을 느낄 수 있단다!^^ 아래에 수미상관법이 쓰인 작품을 선생님이 따로 정리해 줄테니, 졸지 말고 봐라 좀!!

고향에 돌아와도
그리던 고향은 아니려뇨

산 꿩이 알을 품고
뻐꾸기 제철에 울건만

마음은 제 고향 지니지 않고
머언 항구로 떠도는 구름

오늘도 메 끝에 홀로 오르니
흰 점꽃이 인정스레 웃고

어린시절에 불던 풀피리 소리 아니나고
메마른 입술이 쓰디쓰다

고향에 고향에 돌아와도
그리던 하늘만이 늘 푸르구나.

— 정지용, 『고향』

시간적 흐름에 따른 구성

　시간적 흐름이 뭔데? 그래! 니들이 나이먹어가는거!!ㅋㅋ 시간이 흐르는거. 어제까지는 여름방학을 기다렸는데 벌써 겨울방학이 코앞이고... 시간적 흐름에 따른 구성이란 계절, 시대 또는 과거·현재·미래와 같이 시간의 흐름에 따라 시상을 전개하는 방식이야. 이렇게 시간의 흐름에 따라 구성하게 되면, 난잡하지 않고 이야기 맥락이 척척 맞아 떨어지겠지! 따라서 전체적으로 통일성과 조화미를 가져다 주는 전개방식이야. 시간의 변화는 순행적인 것(과거-현재-미래)뿐만 아니라 때에 따라서는 역순행적인 변화 ('현재-과거-현재'의 형태처럼 시간의 흐름이 왔다갔다 함)도 가능하단다.

하얀 모색暮色 속에 피어 있는
산협촌山峽村의 고독한 그림 속으로
파아란 역등驛燈을 달은 마차馬車가 한 대 잠기어 가고,
바다를 향한 산마룻길에
우두커니 서 있는 전신주電信柱 우엔
지나가던 구름이 하나 새빨간 노을에 젖어 있었다.

바람에 불리우는 작은 집들이 창을 내리고,
갈대밭에 묻히인 돌다리 아래선
작은 시내가 물방울을 굴리고

안개 자욱한 화원지의 벤치 우엔
한낮에 소녀들이 남기고 간
가벼운 웃음과 시들은 꽃다발이 흩어져 있다.

외인 묘지墓地의 어두운 수풀 뒤엔
밤새도록 가느란 별빛이 내리고,

공백한 하늘에 걸려 있는 촌락村落의 시계時計가
여윈 손길을 저어 열시를 가리키면
날카로운 고탑古塔같이 언덕 우에 솟아 있는
퇴색한 성교당聖敎堂의 지붕 우에선

분수噴水처럼 흩어지는 푸른 종 소리.

— 김광균,『외인촌』

▶ 해질 무렵부터 다음 날 아침까지의 시간의 흐름

공간(장면, 대상, 시선·시각)의 이동에 따른 구성 ──────

'아래→위', '먼 곳→가까운 곳' 등의 방법으로 공간 또는 표현 대상을 이동하거나, 여러 가지 대상을 나열하여 시선(시각)을 변화시켜 표현함으로써 시각적 이미지의 효과를 내는 방식이야.

들길은 마을에 들자 붉어지고
마을 골목은 들로 내려서자 푸르러졌다
바람은 넘실 천이랑 만이랑
이랑 이랑 햇빛이 갈라지고
보리도 허리통이 부끄럽게 드러났다
꾀꼬리는 여태 혼자 날아 볼 줄 모르나니
암컷이라 쫓길 뿐
수놈이라 쫓을 뿐
황금 빛난 길이 어지러울 뿐
얇은 단장하고 아양 가득 차 있는
산봉우리야 오늘 밤 너 어디로 가버리련?

― 김영랑,『오월』

▶ 근경(가까운 풍경) → 원경(먼 풍경), 낮은 곳 → 높은 곳

점층적 반복 나열

점층적이란 조금씩 조금씩 내용이 추가된다는 뜻이야. 기본적으로 반복의 형태가 있고, 그 반복의 모습이 점층적으로 이루어지는 것을 말하지!^.^

지금 어드메쯤
아침을 몰고 오는 분이 계시옵니다.
그분을 위하여
묵은 이 의자를 비워 드리지요.

지금 어드메쯤
아침을 몰고 오는 어린 분이 계시옵니다.
그분을 위하여
묵은 의자를 비워 드리겠어요.

― 조병화, 『의자』 中

대조(대칭)적 심상의 제시에 따른 시상 전개

작품의 중심 소재의 의미를 대조적으로 설정하여, 대조적인 관계를 중심으로 시상을 전개하는 방식이야. 이 방식은 강조의 효과는 물론, 드러내고자 하는 의미를 더욱 더 선명하게 부각시키는 효과가 있어.

하늘에 깔아 논
바람의 여울터에서나
속삭이듯 서걱이는
나무의 그늘에서나, 새는 노래한다.
그것이 노래인 줄도 모르면서

새는 그것이 사랑인 줄도 모르면서
두 놈이 부리를
서로의 죽지에 파묻고
따스한 체온體溫을 나누어 가진다.

새는 울어
뜻을 만들지 않고
지어서 교태로
사랑을 가식假飾하지 않는다.

─포수는 한 덩이 납으로
그 순수純粹를 겨냥하지만
매양 쏘는 것은
피에 젖은 한 마리 상傷한 새에 지나지 않는다.

— 박남수, 『새』

▷ 포수(인간의 세계, 공격성, 비생명성, 탐욕)와 새(자연의 세계, 순수성, 생명)의
대조

기승전결 起承轉結 ────────────

이건 내신 준비하면서 많이 들어봤지? 그래! 너희들이 죽으라고 외웠던 그거!!

기승전결의 방법은, 시상제시[기起]→시상의 반복 심화[승承]→시적 전환 시도[전轉]→중심 생각 또는 정서의 제시[결結]의 형식이고, 보통 4연이야.

원래는 한시에서 유래한 것인데, 우리의 현대시에서 다양하고 광범위하게 사용되고 있지.

매운 계절季節의 채쭉에 갈겨
마츰내 북방北方으로 휩쓸려오다.

하늘도 그만 지쳐 끝난 고원高原
서리빨 칼날진 그 우에 서다.

어데다 무릎을 꿇어야 하나
한 발 재겨 디딜 곳조차 없다.

이러매 눈 감아 생각해 볼밖에
겨울은 강철로 된 무지갠가 보다.

— 이육사, 『절정』

▶ (기) 채찍에 갈겨 북방으로 휩쓸려 온 상황
　(승) 서릿발 칼날 위에 서있는 상황

(전) 한 발 디딜 곳 없는 극한적 상황

(결) 눈 감고 현실을 극복하고자 하는 의지

선경후정 先景後情

처음에 사물 또는 풍경을 보여 주고 뒤에서 시적 화자의 감정을 드러내는 방법이야. 어려운 말로 서경敍景 → 서정敍情의 흐름으로 이루어진 형식이야. 본래 한시에서 발달하였는데 현대시에서도 다양하게 구사된단다!

나라히 피망하니 뫼과 가람뿐 잇고
잣 안 보매 플과 나무뿐 기펫도다.
시절을 감탄하니 고지 눈물을 쁘리게코
봉화가 석달를 니어시니
집의 음서는 만금이 사도다.
셴 머리칼 글구니 또 뎌르니
다 빈혀랄 이긔디 못흘 닷흐도다.

— 두보, 『춘망』

▷ 앞부분에서 봄 경치의 묘사, 뒷부분에서 눈물과 탄식의 심정을 읊음.

연상작용

하나의 시어가 주는 이미지를 이와 관련된 다른 생각으로 연결, 꼬리에 꼬리를 무는 방식으로 시상을 전개하는 방법이야. 너희들 영어 단어 외울 때 연상해서 암기한다고 하잖아. 그때 그 연상이 이 연상이란다!^^ 관련지어 생각하는 것!

피아노에 앉은
여자의 두 손에서는
끊임없이
열 마리씩
스무 마리씩
신선한 물고기가
튀는 빛의 꼬리를 물고
쏟아진다.

나는 바다로 가서
가장 신나게 시퍼런
파도의 칼날 하나를
집어 들었다.

— 전봉건, 『피아노』

▷ 건반을 두드리는 여인의 손가락(피아노 선율) → 펄펄 뛰는 물고기 연상
  → 바다연상 → 시퍼런 파도연상 → 날이 시퍼렇게 선 칼날 연상

통사구조의 반복/변주

말만 들어도 어렵지? 근데, 이건 꼭 짚고 넘어가야해. 완전 중요!

원래 **통사**란 단어가 결합하여 형성되는 구(句)·절(節)·문장의 구조나 기능을 의미해.

따라서 '통사구조'라고 할 때는 알기 쉽게 문장의 짜임(구조)을 말한다고 생각하면 된단다.

그렇다면 통사구조의 반복이라는 말은 무슨 뜻일까? 동일한 문장 구조가 반복 배치되는 것을 말해. 자연스럽게 리듬감과 의미 강조 효과를 동시에 노리는 방법이지.

변주는 뭘까? 변주라는 말은 지 혼자서 쓰이지는 않아. 반드시 반복이라는 말과 함께 쓰여. 반복과 변주, OK? **변주**는 쉽게 말하면 반복하되 조금 변형한 거라고 생각하면 돼.

아래의 예를 보면 금방 이해가 될거야.

별 하나에 추억과
별 하나에 사랑과

별 하나에 쓸쓸함과
별 하나에 동경과
별 하나에 시와
별 하나에 어머니, 어머니

— 윤동주, 『별 헤는 밤』

▷ '별 하나에 ––과(와)'라는 통사구조의 반복.

하나 더 살펴볼까?

해야
솟아라

해야
솟아라

말갛게
씻은 얼굴

고운
해야
솟아라

— 박두진, 『해』

▷ '해야 솟아라'가 반복되는데 마지막에서 '고운 해야 솟아라'로 조금

우리 시에서 통사구조의 반복이 돋보이는 시를 정리해 줄 테니 외우려고 하지 말고 감상만 하고 그냥 패스~

한용운, 『찬송』
* 님이여, 당신은 ~ (3회)

신석정, 『그 먼 나라를 알으십니까?』
* 어머니 당신은 그 먼 나라를 알으십니까? (3회)

한용운, 『알 수 없어요』
* 누구의 ~입니까?

신동엽, 『산에 언덕에』
* 그리운 그의 ~ 다시 찾을 수 없어도 ~ 피어날지어이. (1, 2, 4연 반복)

신경림, 『가난한 사랑노래』
* '가난하다고 해서 ~을 ~겠는가'의 반복 구조

조병화, 『의자 7』
* 지금 어드메쯤 / 아침을 몰고 오는 분이 계시옵니다. 그분을 위하여 묵은 이 의자를 비워 드리지요. (1연)

(1, 2, 4연 동일, 단 2, 4연 '드리겠습니다.)

윤동주,『별 헤는 밤』

* 별 하나에 추억과 / 별 하나에 사랑과 / 별 하나에 쓸쓸함과 별 하나에 동경과 / 별 하나에 시와 / 별 하나에 어머니, 어머니

(별 하나에 ~와(과)의 반복 구조)

김현승,『파도』

*아, 여기 누가 / ~ 부었나 아, 여기 누가 / ~ 뿌렸나. 아, 여기 누가 / ~ 몰고 오나. 아, 여기 누가 / ~ 피게 하나.

(아, 여기 누가 /~ 게 하나. 4개연의 반복 구조)

시상의 극적전환

시상의 흐름을 극적으로 전환시킨다는 말 많이 들어봤지? 처음 공부할 때 이 말이 어떤 뜻인지 몰라 헤매었던 기억이 다들 있을 거야. 시상의 흐름 자체라는 말도 어려운데 이걸 극적으로 전환까지 시킨다니 완전 OTL인데...;;

쉽게 설명해볼게. 시상의 극적 전환이란 시의 흐름이 급작스럽게 바뀌는 것을 말해. 다른 말로 말하면 극적 반전이라고도 할 수 있어.

사랑도 사람의 일이라, 만날 때에 미리 떠날 것을 염려하고 경계하지 아니한 것은 아니지만, 이별은 뜻밖의 일이 되고, 놀란 가슴은 새로운 슬픔에 터집니다.
그러나 이별을 쓸 데 없는 눈물의 원천源泉을 만들고 마는 것은 스스로 사랑을 깨치는 것인 줄 아는 까닭에, 걷잡을 수 없는 슬픔의 힘을 옮겨서 새 희망希望의 정수박이에 들어부었습니다.

— 한용운,『님의 침묵』中

▷ 슬픔에서 희망으로 시상이 극적전환!

변주/변용

　변주와 변용이란 말 들어보았을 거야. 변주는 대체 무엇이고, 변용은 무엇일까? 너희들 변주곡이라고 들어봤니? 음... 캐논변주곡!! 그게 캐논 원곡을 여러 가지로 변형하여 연주한 걸 뜻하는 거야. 따라서 변주란 어떤 주제를 바탕으로 선율·리듬·화성 따위를 여러 가지로 변형하여 연주하는 거지? 그렇다면 시에서의 변주란 우리가 앞에서 반복과 **변주**에서 배웠듯 같은 형태/내용을 조금씩 바꾸는 거야. 이제 변주 알겠니?

　변용變容이란 사물의 형태나 모습이 바뀐다는 뜻이야. 문학에서는 주관적 변용에 대해서 물어봐. **주관적 변용**이란 문학적 발상이나 자유로운 상상력을 활용하여 작가가 객관적 사물을 자신의 주관에 맞게 변형시키는 것을 말한다.

　시의 경우 모든 시적 변용은 곧 주관적 변용이야.

　동짓달 기나긴 밤을 한 허리를 베어 내어
　춘풍 이불 아래 서리서리 넣었다가

얼운 님 오신 날 밤이어든 굽이굽이 펴리라

— 황진이

▷ '동짓달 긴 밤(시간)'은 형체가 없는데 그것의 허리를 베어 이불 안에 넣어 둘 수는 없지. ⇒ **시간의 주관적 변용**

시의 분위기

목가적

니들 목가적이라는 말은 들어봤나? 목가적 분위기란 농촌처럼 소박하고 평화로우며 서정적인 분위기를 뜻해. 간단하게 말하면 아름다운 시골(전원적)과 고요하고 평화로운 느낌이 있는 시가 바로 목가적 분위기를 드러내는 대표적인 시라고 할 수 있어. 어때? 느껴지니? 그러나! 느낌 가지고는 안 된다! 시 한편을 보고 제대로 느껴보자!

어머니,
당신은 그 먼 나라를 알으십니까?

깊은 삼림대森林帶를 끼고 돌면
고요한 호수에 흰 물새 날고
좁은 들길에 들장미 열매 붉어.

멀리 노루새끼 마음놓고 뛰어다니는
아무도 살지 않는 그 먼 나라를 알으십니까?

그 나라에 가실 때에는 부디 잊지 마셔요.
나와 같이 그 나라에 가서 비둘기를 키웁시다.

어머니,
당신은 그 먼 나라를 알으십니까?

산비탈 넌지시 타고 내려오면
양지밭에 흰 염소 한가히 풀 뜯고
길 솟는 옥수수밭에 해는 저물어 저물어
먼 바다 물소리 구슬피 들려 오는
아무도 살지 않는 그 먼 나라를 알으십니까?

어머니, 부디 잊지 마셔요.
그 때 우리는 어린 양을 몰고 돌아옵시다.

어머니,
당신은 그 먼 나라를 알으십니까?

오월 하늘에 비둘기 멀리 날고
오늘처럼 촐촐히 비가 내리면,
꿩 소리도 유난히 한가롭게 들리리다.
서리 까마귀 높이 날아 산국화 더욱 곱고
노오란 은행잎이 한들한들 푸른 하늘에 날리는
가을이면 어머니! 그 나라에서

양지밭 과수원에 꿀벌이 잉잉거릴 때,
나와 함께 그 새빨간 능금을 또옥 똑 따지 않으렵니까?

— 신석정, 『그 먼 나라를 알으십니까』

▶ 평화롭고 이상적인 세계에 어머니와 함께 가고 싶음.

서정적

서정적이란 말은 감정적인 표현이 담긴 말이라 할 수 있어. 즉, 감정의 흐름과 사람들의 정서에 푹 젖어가는 것을 말해. 거의 대부분의 현대시는 서정적이야. 서정적 자체를 가지고는 출제되지 않지만, 뜻은 잘 이해해두자^.^

> **TIP** 서사적: 서사란 말 그대로 어떤 일이나 행위, 사건 등을 그대로 적는 일을 뜻하는데, 감정적인 이입 없이 사실을 바탕으로 표현하는 거야. 이제 서정적이란 말과, 서사적이란 말의 뜻의 차이를 알겠지?

향토적

향토적이란 말도 많이 들어봤지? 고향이나 시골의 정취가 담겼다는 뜻이야. 뭐라고 할까 약간 시골틱!한 분위기를 향토적이라하지^^

시골에 있는 고향을 그리워 하거나 노래한 작품은 100%!!
작품을 통해 이해해 볼까?

> 송아지 몰고 오며 바라보던 진달래도
> 저녁 노을처럼 산을 둘러 퍼질 것을.
> 어마씨 그리운 솜씨에 향그러운 꽃지짐.
>
> — 김상옥, 『사향』

▷ 유년 시절 화자의 고향 정경에 대한 추억을 이야기하는 시라고 볼 수
  있어. 시각, 후각 등 다양한 이미지를 사용하며 구체적인 고향의 모습
  을 나타냄으로써 향토적인 정서를 물씬 풍기는 작품이지.

탈속적

탈속적이라는 말도 자주 들어봤지? 탈속적... 이 말을 들으면 뭐가
떠오르니? '탈'에서 뭔가 벗어난다는 느낌을 받지 않니? 그다음 '속'
하면 속세가 떠오르고... 나만 그런 거니?? 따라서, 탈속적이란 속세
에서 벗어났다는 뜻으로 부나 명예를 추구하는 마음이라고 볼 수 있
어. 이 말도 작품을 통해 살펴보면 이해하기 쉬워.

> 추강에 밤이 드니 물결이 차노매라.
> 낚시 드리치니 고기 아니 무노매라.

무심한 달빛만 싣고 빈 배 저어 오노라.

— 월산대군

▷ '추강(자연)'에서 낚시하며 '무심한 삶(욕심 없는 삶)'을 추구 = '물욕'이
　 없는 탈속의 정신적 경지

풍류적

풍류적이란 속세를 떠나 운치가 있고 멋스러운 것을 이야기해. 탈
속적하고는 조금 다르지? 속세를 떠나는 것은 같지만 멋과 풍류(주로
술 한 잔)가 나타나는 작품이야.

대쵸 볼 붉은 골에 밤은 어이 듯드리며
벼 븬 그루에 게는 어이 나리는고
술 익자 쳬장사 도라가니 아니 먹고 어이리

— 황희

▷ 만물이 풍요로운 가을 농촌의 흥겨움과 풍류를 노래 (대추와 밤이 익어가
　 고, 벼를 베고 난 그루터기에 게가 기어 올라와 안주가 풍부하고, 술이 익자마자 체 장수
　 까지 지나가니 어찌 술을 마시지 않겠느냐 = 풍류적 분위기)

애상적

애상적이란 가슴 아파하고 슬퍼하는 것을 이야기해. 혹시 가수 아이유의 '좋은 날'이라는 노래 아니? 노래 가사 중에 '어쩜 이렇게 하늘은 파란 건지~, 눈물이 차올라서 고갤 들어 흐르지 못하게 또 살짝 웃어'라는 소절이 있어. 이 가사에서도 느껴지니? 사랑 때문에 가슴 아파하고 슬퍼하는 것을!! 따라서 애상적이란 이런 분위기, 감정을 얘기한단다!! 한마디로 슬픈 내용의 시는 무조건 애상적이야.

> 아홉이나 남아 되는 오랍동생을
> 죽어서도 못 잊어 차마 못 잊어
> 야삼경 남 다 자는 밤이 깊으면
> 이 산 저 산 옮아 가며 슬피 웁니다.
>
> — 김소월, 『접동새』中

▷ 죽어서도 오랍동생을 잊지 못해 찾아와 슬피 우는 누나= 애상적 정서

작가의 태도

작가가 시적현실 속에서 어떤 태도를 취하는가가 바로 작가의 태도야. 이거 시험문제에 자주 출제되니까 아래 정리한 것들을 완벽하게 소화시켜.

냉소적

현실에 대해 냉소하고 있다는 무슨 뜻일까? 냉소란 쌀쌀한 태도로 비웃는 것을 의미해. 너희가 잘 아는 썩소랑 비슷해. 따라서 현실에 대해 냉소하고 있다라는 말은 기본적으로 부정적인 현실을 비판적 태도로 보고 있다고나 할까?

우리도 우리들끼리
낄낄대면서
낄쭉대면서

우리의 대열을 이루며
한 세상 떼어 메고
이 세상 밖 어디론가 날아갔으면

　　　　　　　　　ㅡ 황지우, 『새들도 세상을 뜨는구나』 中

▷ 80년대 군사 독재시절의 억압적 현실을 풍자하고 있는 작품이야. '낄
낄대면서/ 낄쭉대면서' 부분에서 억압적 현실을 비웃고 있지.

반성적(=참회적, 성찰적)

　반성적 태도는 자신의 언행에 대하여 잘못이나 부족함이 없는지 돌이켜 보는 것을 의미해. 따라서, 과거를 돌아보며 자신의 삶을 반성하는 태도를 보일 때 우리는 화자가 반성적 태도를 가지고 있다고 말해.

파란 녹이 낀 구리거울 속에
내 얼굴이 남아 있는 것은
어느 왕조王朝의 유물遺物이기에
이다지도 욕될까

나는 나의 참회懺悔의 글을 한줄에 줄이자
ㅡ만이십사년일개월滿二十四年一個月을
무슨 기쁨을 바라 살아 왔던가

내일이나 모레나 그 어느 즐거운 날에
나는 또 한줄의 참회록懺悔錄을 써야 한다.
―그때 그 젊은 나이에
왜 그런 부끄런 고백告白을 했던가

밤이면 밤마다 나의 거울을
손바닥으로 발바닥으로 닦아 보자.

그러면 어느 운석隕石밑으로 홀로 걸어가는
슬픈 사람의 뒷모양이
거울 속에 나타나온다

― 윤동주,『참회록』

▷ 녹이 낀 구리 거울 속에 있는 자신의 모습을 부끄러워 하면서(성찰, 반성) 거울을 닦아 내고자 함.

회의적

　회의적이란 어떤 일에 의심을 품는 것을 뜻해. 따라서 어떤 일을 회의적으로 바라본다는 말은 그 일의 정당성, 타당성, 필요성, 성공 가능성 등에 의심을 품는 것을 말한다고 볼 수 있겠지. 한 마디로 만사에 부정적인 것! 이제 회의적이라는 말 확실히 알겠지? 근데 참고로 회의적인 작품만을 가지고는 시험에 99% 안 나온다. 안심해!

유유자적

　공부하다 '현실에 얽매이지 않고 유유자적하는 것으로 볼 수 있다'는 선지 많이 봤지? 알 것 같기도 하고 모를 것 같기도 하고 아리까리하지? 유유자적은 속세를 떠나 아무 속박 없이 조용하고 편안하게 사는 것을 의미해. 다시 말해 속된 현실의 일에 얽매이지 않는 탈속적 태도를 이야기한다고도 볼 수 있어. 이러한 태도는 고전 시가에 많이 등장해.

강나루 건너서
밀밭길을

구름에 달 가듯이
가는 나그네

길은 외줄기
남도삼백리

술 익는 마을마다
타는 저녁놀

구름에 달 가듯이
가는 나그네

　　　　　　　　　　　　　　　ㅡ 박목월, 『나그네』

▷ 구름 속을 유유히 흘러가는 달과 같이 남도 삼백리를 가는 나그네.

안분지족

　안분지족이란 편안한 마음으로 제 분수를 지키며 만족할 줄을 아는 삶의 태도야. 빈번하게 출제되니까 절대 잊으면 안돼!!

> 맑은 강의 한 굽이가 마을을 안아 흐르니
> 긴 여름 강촌의 일마다 깊고 그윽하도다
> 절로 가며 절로 오는 것은 집 위의 제비요,
> 서로 친하며 서로 가까운 것은 물 가운데의 갈매기로다.
> 늙은 아내는 종이에 그려 장기판(바둑판)을 만들거늘
> 어린 아들은 바늘을 두드려 고기 낚을 낚시를 만든다.
> 많은 병에 얻고자 하는 것은 오직 약물뿐이니,
> 보잘것없는 이 몸이 이밖에 다시 무엇을 구하리요?
>
> ― 두보,『강촌』

▷ 병중에 얻고자 하는 것은 약물 뿐이고, 이 밖에 다른 것은 구하지 않음.

안빈낙도

　안빈낙도란 가난한 생활을 하면서도 편안한 마음으로 도를 즐겨

지킨다는 뜻이야.

거의 대부분 자연에서의 즐거운 삶과 관련되어 있어.

功名(공명)도 날 꺼리고 富貴(부귀)도 날 꺼리고 淸風明月(청
풍 명월) 外(외)예 엇던 벗이 잇사올고. 簞瓢陋巷(단표 누항)에
훗튼 혜음 아니하내. 아모타, 百年行樂(백년 행락)이 이만한달
엇지하리.

현대어 풀이 공명도 나를 꺼리고 부귀도 나를 꺼리니, 맑은 바
람과 밝은 달 같은 아름다운 자연 외에 어떤 벗이 있겠는가?
소박하고 청빈한 시골 생활이지만 (부귀공명 같은) 쓸데없는
생각은 아니 하네. 아무튼 한평생 즐겁게 지내는 일이 이만
하면 족하지 않은가?

— 정극인, 『상춘곡』中

▷ 청풍명월(자연) 벗이 되어 허튼 생각 하지 않고 백년 행락을 누림.

체념적

체념하고 있다는 것이 무슨 뜻일까? 체념이란 마음에 품은 생각,
특히 희망을 버리는 것을 의미해. 빅마마 노래 중에 체념이라는 곡이
있지! '… 그래 더 이상 묻지 않을 게, 내 곁을 떠나고 싶다면, 돌아보
지 말고 떠나가…' 사랑하는 남자가 내가 싫어져서 떠난다는 부정적

인 상황에서... 남자가 다시 돌아오리라는 기대는 버리고 그냥 떠나가라 하는 여자의 체념하는 태도를 엿볼 수 있겠니? 여기에서 체념은 시적 화자가 처한 현실이 부정적일 때, 이러한 현실이 나아지리라는 어떤 희망을 포기하는 태도. 한마디로 포기하는거야.

> 궁벽하게 사노라니 찾아오는 사람 없어
> 온종일 의관도 갖추지 않고 있네.
> 낡은 집엔 향랑각시 떨어져 기어가고
> 황폐한 들판엔 팥꽃이 남아 있네.
> 병 많으니 따라서 잠마저 적어지고,
> 글 짓는 일로써 수심을 달래 보네.
> 비 오래 온다 해서 괴로워만 할 것인가
> 날 맑아도 또 혼자서 탄식할 것을.
>
> — 정약용, 『구우』

▷ 궁벽하고 황폐한 부정적 현실 상황이 잘 드러나 있지? 하지만 시적 화자는 그저 글 짓는 일로써 수심을 달랠 뿐 현실을 변화시키기 위한 적극적 행동은 하지 않고 있어. 바로 이런 것을 두고 시적화자가 현실 상황에 대하여 체념하고 있다라는 말을 쓴단다.

보너스 하나 더~!

을숙도에서 일정한 군을 이루며

갈대 숲을 이룩하는 흰 새떼들이
자기들끼리 끼룩거리면서
자기들끼리 낄낄대면서
일렬 이열 삼렬 횡대로 자기들의 세상을
이 세상에서 떼어 메고
이 세상 밖 어디론가 날아간다.
우리도 우리들끼리
낄낄대면서
낄쭉대면서
우리의 대열을 이루며
한 세상 떼어 메고
이 세상 밖 어디론가 날아갔으면
하는데 대한 사람 대한으로
길이 보존하세로
각각 자기 자리에 앉는다.
주저 앉는다.

— 황지우,『새들도 세상을 뜨는구나』

▷ 시적 화자가 억압적 상황을 벗어나지 못하고 애국가가 끝나자 그냥 자리에 '주저앉는' 것으로 마무리되고 있어. 이 '주저앉는' 태도는 부정적 현실에 대한 체념을 상징한다고 볼 수 있겠지?

관조적

이것도 캐중요! 관조란 어떤 대상을 고요한 마음으로 관찰하고 음미하는 것으로, 대상과 일정한 거리를 유지하면서 대상을 고요히 살

피고 감상하는 태도를 말해. 확실히 정리하면 어떤 대상에 대해 몰입하는 것이 아니라, 어느 정도 떨어져 거리감을 유지하며 객관적이고도 담담하게 이야기하는 거야.

산에는 꽃피네
꽃이 피네
갈 봄 여름없이
꽃이 피네

산에
산에
피는 꽃은
저만치 혼자서 피어있네

산에서 우는 작은 새여
꽃이 좋아
산에서
사노라네.

산에는 꽃 지네
꽃이 지네
갈 봄 여름 없이
꽃이 지네.

— 김소월, 『산유화』

▷ 저만치서 혼자서 피었다가 혼자서 떨어지는 산유화를 거리를 유지한 채 담담하게 노래

미적 범주

문학에서 〈미=아름다움〉이란, 일반적으로 '우아', '골계', '숭고', '비장'의 네 범주로 나눠.

우아미

우아미란 고전적인 기품과 멋을 주된 요소로, 삶을 긍정하면서 남녀의 사랑, 인간의 아름다운 성정 등의 현실적 가치를 추구하는 것을 의미해. 다 때려치우고 시 속에서 멋지고 우아한 모습이나 내용이 있으면 무조건 콜!

> 하늘로 날을 듯이 길게 뽑은 부연 끝에 풍경이 운다.
> 차마끝 곱게 늘이운 주렴에 반월이 숨어
> 아른아른 봄밤이 두견이 소리처럼 깊어 가는 밤
> 곱아라 고아라 진정 아름다운지고.

파르란 구슬빛 바탕에 자주빛 호장을 받친 호장저고리
호장저고리 하얀 동정이 환하니 밝도소이다.

— 조지훈, 『고풍 의상』 中

▷ 달밤 아름다운 한복에 고풍스러움을 노래.

숭고미

숭고미란 경건하고 엄숙한 분위기를 자아내어 고고한 경지를 느낄
수 있게 하는 미의식으로, 이상적 가치'를 추구하는 것을 의미해. 또
때려치우고, 절대자(신)에 대한 예찬, 절대적 존재에 대해 호소하는 내
용, 그리고 부정적 현실 속에서 적극적 저항하는 시들(이육사)이 대표
적이야.

님이여, 당신은 백 번이나 단련한 금金결입니다.
뽕나무 뿌리가 산호珊瑚가 되도록 천국天國의 사랑을 받으옵
소서.
님이여, 사랑이여, 아침 볕의 첫걸음이여.

님이여, 당신은 의義가 무거웁고 황금黃金이 가벼운 것을 잘
아십니다.
거지의 거친 밭에 복福의 씨를 뿌리옵소서.
님이여, 사랑이여, 옛 오동梧桐의 숨은 소리여.

님이여, 당신은 봄과 광명光明과 평화平和를 좋아하십니다.
약자弱者의 가슴에 눈물을 뿌리는 자비慈悲의 보살菩薩이 되옵
소서.
님이여, 사랑이여, 얼음 바다에 봄바람이여

— 한용운, 『찬송』

▷ 님에 대한 찬송(숭고미)

푸른 하늘에 닿을 듯이
세월에 불타고 우뚝 남아서서
차라리 봄도 꽃피진 말아라

낡은 거미집 휘두르고
끝없는 꿈길에 혼자 설레이는
마음은 아예 뉘우침 아니라

검은 그림자 쓸쓸하면
마침내 호수 속 깊이 거꾸러져
차마 바람도 흔들진 못해라

— 이육사, 『교목』

▷ 부정적 현실 속에서 흔들리지 않는 곧은 의지.(숭고미)

비장미

비장미란 슬픔, 고통, 한의 정서 등의 표출을 통한 미의식으로, 현실에서 이상을 추구하지만 좌절될 때 나타나. 비장미 = 슬픔이야!

산산이 부서진 이름이여!
허공 중에 헤어진 이름이여!
불러도 주인 없는 이름이여!
부르다가 내가 죽을 이름이여!

심중에 남아 있는 말 한 마디는
끝끝내 마저 하지 못하였구나.
사랑하던 그 사람이여!
사랑하던 그 사람이여!

붉은 해는 서산 마루에 걸리었다.
사슴의 무리도 슬피 운다.
떨어져 나가 앉은 산 위에서
나는 그대의 이름을 부르노라.

설움에 겹도록 부르노라.
설움에 겹도록 부르노라.
부르는 그 소리는 비껴 가지만
하늘과 땅 사이가 너무 넓구나.
선 채로 이 자리에 돌이 되어도

부르다가 내가 죽을 이름이여!
사랑하던 그 사람이여!
사랑하던 그 사람이여!

— 김소월,『초혼』

▷ 사랑하는 사람의 죽음으로 인한 슬픔.

벌레먹은 두리기둥 빛 낡은 단청丹靑 풍경 소리 날러간 추녀 끝에는 산새도 비둘기도 둥주리를 마구쳤다. 큰 나라 섬기다 거미줄 친 옥좌玉座 위엔 여의주如意珠 희롱하는 쌍룡雙龍 대신에 두 마리 봉황鳳凰새를 틀어올렸다. 어느 땐들 봉황이 울었으르랴만 푸르른 하늘 밑 추석을 밟고 가는 나의 그림자. 패옥佩玉 소리도 없었다. 품석品石 옆에서 정일품正一品 종구품從九品 어느 줄에도 나의 몸둘 곳은 바이 없었다. 눈물이 속된 줄을 모를 양이면 봉황새야 구천九泉에 호곡呼哭하리라.

— 조지훈,『봉황수』

▷ 망국의 슬픔.

골계미

골계미란 해학, 풍자의 수법을 통해 인간의 모습이나 현실적 상황 등을 우스꽝스럽게 구현하는 미의식이야. 무조건 재미있는 작품은 골계미야! 대부분 사설시조의 작품들과 판소리계 소설에서 나타나고 현대 소설에서는 김유정의 작품이 대표적이지.

창 밧기 어른어른커늘 님만 녀겨 펄떡 뛰어 뚝 나서 보니,
님은 아니 오고 으스름 달빗체 열구름이 날 속여고나.
맛초아 밤일세망정 행여 낮이런들 남 우일 뻔하여라.

— 사설시조

▷ 지나가는 구름이 님인줄 알고 나갔는데, 속아 넘어간 쪽팔림을 노래.

"이 자식! 잡아먹어라, 잡아먹어!"
"아! 아! 할아버지! 살려줍쇼, 할아버지!"하고 두팔을 허둥지둥 내절 적에는 이마에 진땀이 쭉 내솟고 인젠 참으로 죽나 보다 했다. 그래두 장인 님은 놓질 않더니 내가 기어이 땅바닥에 쓰러져서 거진 까무러치게 되니까 놓는다. 더럽다, 더럽다. 이게 장인님인가? 나는 한참을 못 일어나고 쩔쩔 맸다. 그러나 얼굴을 드니(눈엔 참 아무것도 보이지 않았다)사지가 부르르 떨리면서 나도 엉금엉금 기어가 장인님의 바짓가랭이를 꽉 움키고 잡아나꿨다.

— 김유정,『봄봄』中

▷ 장인의 바짓가랭이를 데릴사위가 움켜쥐는 장면을 통해서 재미를 유발.(해학적)

수사법

시 공부하면서 여러 수사법들은 기본적으로 알아두어야겠지? 한 번쯤 공부해 보았을 테지만, 시 공부하는 김에 우리 싹그리 정리해보자.

직유법

대상을 빗댈 때 직접적으로 비유하는 것으로 마치, ~같이, ~인양, ~처럼 등으로 표현해.

구름에 달 가듯이 가는 나그네
내 누님같이 생긴 꽃이여

은유법

대상을 빗댈 때 은근히 비유하는 것으로 원관념과 보조관념으로 나눠. 'A=B이다'

> 내 마음(원관념)은 호수(보조관념)요, 그대 저어 오오.

의인법

인간이 아닌 것에 인간의 감정, 동작, 인격을 부여하는 것이야.

> 바람도 햇볕도 숨을 죽이네.

활유법

동물이 아닌 것에 동물적 동작을 부여하는 거야.

> 모든 산맥들이 바다를 연모해 휘달릴 때에도

대유법

사물의 일부나 특징을 들어서 그 자체나 전체를 나타내는 비유법으로, 환유법換喩法과 제유법提喩法이 있어.

환유법은 나타내고자 하는 관념이나 사물의 특징, 속성으로 전체를 나타내는 표현법이야. 예를 들어 '흰 옷=우리민족, 삼천리=우리 조국'처럼 특징이나 속성으로 전체를 나타내.

> 펜은 칼보다 강하다.

▷ "펜" = 글이나 지식
   "칼" = 무력

한편 **제유법**은 사물의 한 부분으로 전체를 나타내는 표현법이야. 예를 들어 '빵이 아니면 죽음을 달라'에서 '빵'은 식량의 일부로 '식량' 전체를 의미하며, '빼앗긴 들에도 봄은 오는가'에서 '들'은 국토의 일부로 '국토' 전체를 의미하지.

TIP 부분→전체 = 제유법, 속성(특성)→전체=환유법

점층법

점층법은 말 그대로 점점 층이 쌓여가는 거야. 그러니까 갈수록 의

미, 정도, 단어가 따블이 되는 거지.

> 신록은 먼저 나의 눈을 씻고, 머리를 씻고, 나의 가슴을 씻고, 다음에 나의 마음의 모든 구석구석을 하나하나 씻어 낸다.

대구법

대구법은 비슷한 문장 구조를 나란히 짝짓는 방법이야. 이것은 단순히 글자 수만 비슷한 게 아니고 앞과 뒤의 내용이 비슷하거나, 관련 있어야해.

> 낮말은 새가 듣고 밤말은 쥐가 듣는다.

대조법

대조법은 어떤 대상을 묘사할 때 그것과 반대되는 내용과 맞짱을 띄워서 강조하는 방법이야.

> 인생은 짧고, 예술을 길다.

연쇄법

앞 말의 끝을 받아 다음 말의 앞 부분에 놓고 계속 꼬리에 꼬리를 물고 이어지는 방법이야.

이상을 위하여 산다는 것은, 어떠한 꿈을 그리며 산다는 말이 된다. 이 꿈이란 것은, 현실이 아니란 말이다. 현실 이상의 것, 초현실적인 것을 의미한다.

영탄법

놀라움, 슬픔, 기쁨 따위의 감정을 짧고 굵게 표현하는 거야.

님이여, 사랑이여, 옛 오동의 숨은 소리여.

도치법

일반적인 문장의 순서를 뒤바꾸어 쓰는 방법이야.

가자, 산으로

설의법

일반적인 표현을 의문문의 형식으로 표현함으로써 강조하는 방법이야. 항상 의문문의 형식을 가지되 답을 요구하는 게 아니라 어떤 의미를 강조할 때 써.

> 어찌 이 강산이 아름답지 않으냐?

▷ 강산이 아름다움을 강조하는 것.

반어법

표현하려는 의도와 정반대로 표현하는 거야.

EX (내신시험을 망친 아들에게) 잘~ 했다 아들아. (실제로는 "잘못했다"는 의미)

역설법

문장 자체가 논리적 모순을 가지지만 그 속에 진실이 들어 있을 때 쓰는 표현이야.

님은 갔지만 나는 님을 보내지 아니하였습니다.

자연친화

　자연친화란 말 그대로 자연을 친하게 생각하고 자연과 화합하고자 하는 태도야. 자연하고 친하다고 생각하면 돼!! 자연을 삶을 위한 수단이나 단순한 배경으로 생각하지 않고 더불어 즐길 수 있는 벗으로 생각하며 자연 속에서 자연과 같이 즐기는 태도가 이에 해당해.

> 백구야 날지 마라 네 버딘 줄 엇디 아난
>
> — 정철, 『관동별곡』中

▷ 흰 갈매기와, 자신이 친구사이.

TIP 물아일체物我一體: 자연물에서 자연과 한 몸이 되는 것.
　　　 자연친화: 자연과 친하게 생각.

시간의 역전

　역전이라는 말 알지? 한국 축구는 늘 역전 패? '역전'은 말 그대로 해석하면 거꾸로 회전한다는 의미야. 따라서 시간의 역전이란 시간의 흐름이 거꾸로 되어 있다는 뜻이지. 시간은 '과거→현재→미래'의 순서로 흐르기 마련이잖아. 그런데 이 순서가 뒤죽박죽 되어 시간의 흐름이 '현재→과거→현재'로 제시된다면 시간의 역전이 이루어졌다고 볼 수 있어.

삽살개 짖는 소리
눈보라에 얼어 붙는 섣달 그믐
밤이
얄궂은 손을 하도 곱게 흔들길래
술을 마시어 불타는 소원이 이 부두로 왔다.

걸어온 길가에 찔레 한 송이 없었대도
나의 아롱범은

자옥 자옥을 뉘우칠 줄 모른다
어깨에 쌓여도 하얀 눈이 무겁지 않고나

철없는 누이 고수머릴랑 어루만지며
우라지오의 이야길 캐고 싶던 밤이면
울 어머닌
서투른 마우재 말도 들려 주셨지
졸음졸음 귀 밝히는 누이 잠들 때꺼정
등불이 깜빡 저절로 눈 감을 때꺼정
다시 내게로 헤여드는
어머니의 입김이 무지개처럼 어질다

나는 그 모두를 살뜰히 담았으니
어린 기억의 새야 귀성스럽다
기다리지 말고 마음의 은줄에 작은 날개를 털라

드나드는 배 하나 없는 지금
부두에 호젓 선 나는 멧비둘기 아니건만
날고 싶어 날고 싶어
머리에 어슴푸레 그리어진 그 곳
우라지오의 바다는 얼음이 두껍다

등대와 나와
서로 속삭일 수 없는 생각에 잠기고
밤은 얄팍한 꿈을 끝없이 꾀인다
가도오도 못할 우라지오.

　　　　　　　　　　　— 이용악,『우라지오 가까운 항구에서』

▷ 1연에서 러시아 우라지오 가까운 항구(현실) – 2연~4연(과거회상) – 5연~끝(다시 현실)

환기

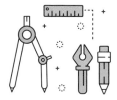

환기란 관심이나 생각 따위를 불러일으키는 거야. 쉽게 말하면 어떤 것을 통해 어떤 생각이 떠오르는 거야. 수능 선지에 자주 등장하는 용어야. 예를 들면

어둠과 추위의 이미지를 통해 삶의 어려움을 환기하고 있다.

이런 식으로 쓰여.

현학적

현학이란 학식이 있음을 자랑하여 뽐낸다는 뜻이야. 한마디로 공부하는 척 폼 내려다 쪽팔리는 것. 항상 부정적으로 쓰여.

댁들에 동난지이 사오, 져 쟝스야, 네 황후 긔 무서시라 웨난다, 사쟈 외골내육外骨內肉 양목兩目이 상천上天, 전행前行 후행後行, 소小아리 팔족 八足 대大아리 이족二足, 청장淸醬 아스슥하는 동난지이 사오.
쟝스야 하 거복이 웨지말고 게젓이라 하렴은.

현대어 풀이 여러 댁들이여, 동난지이를 사오, 저 장수야, 네 물건 그것이 무엇이라고 외치느냐? (그 물건을) 사자. 껍데기는 딱딱하고 속에는 살이 있으며, 두 눈은 하늘을 향하고, 앞으로 갔다 뒤로 갔다, 작은 다리 8개, 큰 다리 2개, (씹으면) 청장이 아스슥하는 동난지이 사오.
장수야, 몹시 거북하게 외치지 말고 게젓이라 하려무나.

— 사설시조

▷ 계장수가 게를 쉽게 말하지 않고 어려운 한자를 써 현학적 허세를 부
   리려는 것을 풍자.

언어유희

언어유희란 단칼로 발음의 유사성을 이용해서 말장난 치는 거야.

> 매암이 맵다 울고 쓰르람이 쓰다우니,
> 산채를 맵다는가 박주를 쓰다는가.
> 우리는 초야에 뭇쳐시니 맵고 쓴 줄 몰라라.
>
> ─ 이정신

▷ '매암-맵다', '쓰르라미-쓰다'는 발음의 유사성에 의해 의미를 유도

이렇게 수능에 나오는 정통 말고 사이비 하나 가르쳐 줄게. 쌤이 대학시절 고대 화장실 안에서 화이팅하다 발견한 낙서 문구인데,

"당신이 이곳에 앉아 조용히 사색思索에 잠겨 있을 때, 누군가 바깥에서 당신을 기다리다 사색死色이 되어가고 있다"

엄청 슬프면서 유쾌?!

모순어법

    모순 어법이란 효과적인 표현을 하기 위하여 서로 모순되는 어구를 나열하는 표현법이야. '수식어+피수식어'의 관계에서 서로 의미상으로는 호응이 되지 않지만, 그 의미를 자세히 보면 깊은 의미나 깨달음을 담고 있어 작품에 신선함을 부여하는 문학적 표현 기법이라고 할 수 있지. 역설법과 같다고 보면 돼!

EX 작은 거인, 소리없는 아우성

시적허용

    시적 허용이란 시를 쓰는 데에 있어서 문법적으로 맞지 않는 표기를 허용하는 것을 의미해. 소설이나 수필 즉, 산문을 쓸 때 문법이 틀리다면 이는 당연히 질책의 대상이 되겠지. 그러나 시에서는 시적인 효과를 살리기 위해 행하는 문법적인 이탈은 어느 정도 받아들여지지. 물론 이 경우는 작가가 의도한 것이어야 하고 그만큼의 원하는 효과를 낼 수 있는 것이어야 한다는 것을 명심해야해.

    예를 들면,

    운율을 형성하기 위해 '노란→노오란'처럼 늘여 쓰는 경우가 있고, '우두커니처럼', '열심에'와 같이 서로 문법상 허용되지 않는 품사연결을 사용하는 경우가 있어.

강호가도

　강호가도란 조선시대 시가 문학의 경향 가운데, 자연을 예찬하고 그 속에 묻혀 살면서 유교적 관념을 노래하는 일련의 작품을 뜻하는 용어란다. 강호가 자연이잖아. 대표적인 강호가도가로는 맹사성의 『강호사시사』와 이현보의 『어부사』 등이 있어.

월령체가

    월령체가가 뭔지 모르는 수험생들이 있더라구. 월령체가란 달거리 민요풍으로, 계절이나 절기를 내용 구조의 중심에 두고 창작한 세시 풍속의 노래를 말해. 고려속요 『동동』과 조선 후기 가사 『농가월령가』가 월령체가에 해당하는 작품들이야.

모티프

　모티프란 표현이나 창작의 동기, 또는 동기가 되는 중심 사상을 이야기 해. 윤동주의『십자가』에서 사용된 '희생양' 모티프가 대표적이지.

음성상징

　　음성 상징이란 하나의 음운이 가지는 음의 성질이나 높낮이 또는 강약에 따라, 다른 단어와 구별되는 어감이나 느낌을 나타내는 것을 말해. 대체적으로 양성모음(ㅏ, ㅗ)은 작고 섬세한 어감을 나타내는 반면에 음성모음(ㅓ, ㅜ)은 크고 어두운 어감을 준단다.

EX '졸졸 : 줄줄', '아장아장 : 어정어정'

낯설게 하기

　낯설게 하기란 일상화되어 있는 우리의 지각이나 인식의 틀을 깨고 익숙한 사물의 모습을 낯설게 그리거나, 낯선 시선으로 바라보아 그 본래의 모습이나 본질을 찾는 표현 방법을 의미해. 쉽게 말하면 익숙한 것을 낯설게 표현하는 방법이지. 정지용의 『인동차』에서 '장벽에 무시로 인동 삼긴 물이 나린다'는 인동차를 계속 마신다는 평범한 말을 낯설게 바꾸어 표현한 거야.

어조

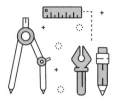

어조는 쉽게 말하면 말하는 투야. 시에서는 시적 화자의 상황과 태도가 드러나는 목소리라고나 할까. 그런데 어조는 시 전체의 형성하는 중요한 기능을 해. 주로 서술어(종결어미)를 통해 파악할 수 있어.

예찬적 어조

시적 대상에 대한 예찬, 찬양, 송축의 뜻을 담은 어조

> 님이여, 당신은 백 번이나 단련한 금결입니다.
> 뽕나무 뿌리가 산호가 되도록 천국의 사랑을 받읍소서.
> 님이여, 사랑이여, 아침 볕의 첫걸음이여.
> — 한용운,『찬송』中

관조적 어조

시적 대상을 차분하고 담담한 마음으로 바라보고, 마음에 비춰진 대로 과정 없이 진솔하게 노래함.

> 담머리 넘어드는 달빛은 은은하고
> 한두 개 소리 없이 나려지는 오동꽃을
> 가랴다 발을 멈추고 다시 돌아보노라.
>
> — 이병기, 『오동꽃』中

독백적 어조

서정적 자아의 내면 세계를 조용한 독백조의 형식으로 읊는 어조.

> 까닭 없이 마음 외로울 때는
> 노오란 민들레꽃 한 송이도
> 애처롭게 그리워지는데.
>
> 이 얼마나한 위로이랴.
> 소리쳐 부를 수도 없는 이 아득한 거리에
> 그대 조용히 나를 찾아오느니.
>
> 사랑한다는 말 이 한 마디는

내 이 세상 온전히 떠난 뒤에 남을 것.

잊어버린다. 못 잊어 차라리 병이 되어도
이 얼마나한 위로이랴.
그대 맑은 눈을 들어 나를 보느니.

— 조지훈, 『민들레꽃』

낭만적 어조

낭만적인 감정을 감미로운 분위기 속에서 노래하는 어조.

눈을 가만 감으면 굽이 잦은 풀밭길이,
개울물 돌돌돌 길섶으로 흘러가고,
백양숲 사람을 가린 초집들도 보이구요.

송아지 몰고 오며 바라 보던 진달래도
저녁 노을처럼 산을 들러 퍼질 것을.
어마씨 그리운 솜씨에 향그러운 꽃지짐.

어질고 고운 그들 멧남세도 캐어 오리.
집집 끼니마다 봄을 씹는 마을.
감았던 그 눈을 뜨면 마음 도로 애젓하오.

— 김상옥, 『사향』

비판적 어조

시적 화자가 사회 현실에 대한 비판, 저항, 고발의 내용을 다소 냉정한 어투로 읊는 어조.

껍데기는 가라.
사월도 알맹이만 남고
껍데기는 가라.

껍데기는 가라.
동학년 곰나루의, 그 아우성만 살고
껍데기는 가라.

— 신동엽, 『껍데기는 가라』 中

고백적 어조

시적 화자의 내면을 솔직하게 내뱉는 형식의 어조

잠 이루지 못하는 밤 고향집 마늘밭에 눈은 쌓이리.
잠 이루지 못하는 밤 고향집 추녀 밑 달빛은 쌓이리.
발목을 벗고 물을 건너는 먼 마을
고향집 마당귀 바람은 잠을 자리.

사색적 어조

시적 대상을 차분한 자세로 관조하고 명상적이며 자아 성찰의 자세로 읊는 형식이야.

가을에는
기도하게 하소서.
낙엽들이 지는 때를 기다려 내게 주신 겸허한 모국어로 나를 채우소서.

가을에는
사랑하게 하소서.
오직 한 사람을 택하게 하소서.
가장 아름다운 열매를 위해 이 비옥한
시간을 가꾸게 하소서.

가을에는
호올로 있게 하소서.
나의 영혼,
굽이치는 바다와
백합의 골짜기를 지나
마른 나뭇가지 위에 다다른 까마귀같이.

해학적 어조

　현실적 삶의 애환을 익살로 완곡하게 드러내어 정신적 여유를 느끼게 하는 어조로 주로 사설시조에서 나타나.

> 두꺼비가 파리를 물고 두엄 위에 뛰어 올라가 앉아
> 건너편 산을 바라보니 흰 송골매가 떠 있기에 가슴이 섬뜩
> 하여 펄쩍 뛰어 내닫다가 두엄 아래 자빠졌구나.
> 마침 날랜 나였기에 망정이지 하마터면 다쳐서 멍들 뻔했구나.
> 　　　　　　　　　　　　　— 작가 미상의 사설 시조

격정적 어조

　감정을 격하게 드러냄으로써 강한 의지를 표출할 때 쓰여.

> 그 날이 오면, 그 날이 오면은
> 삼각산이 일어나 더덩실 춤이라도 추고.
> 한강 물이 뒤집혀 용솟음칠 그 날이
> 이 목숨이 끊기기 전에 와 주기만 할 양이면.

나는 밤하늘에 날으는 까마귀와 같이
종로의 인경을 머리로 들이받아 올리오리다.
두개골은 깨어져 산산조각이 나도
기뻐서 죽사오매 무슨 한이 남으오리까.

— 심훈, 『그 날이 오면』 中

보너스!!

어조의 변화에 따른 시상 전개

이상화, 『빼앗긴 들에도 봄은 오는가』
비애, 자조적 어조 → 의욕적 어조 → 허탈, 비애의 어조

김소월, 『바라건대는 우리에게』
좌절의 어조 → 의지적 어조

윤동주, 『십자가』
좌절의 어조 → 신념의 어조

윤동주, 『별 헤는 밤』
슬픔, 고뇌의 어조 → 신념, 의지의 어조

윤동주, 『서시』
고통, 좌절의 어조 → 의지적 어조

한용운, 『님의 침묵』

슬픔의 어조 → 의지적 어조

PART 2
소설

소설 작품 감상법

요새 상위권 아이들이 수능에서 가장 어려워하는 부분 중 하나가 소설이야. 소설을 쉽게 감상하려면 뭐니뭐니해도 정확하게 읽어내야 하겠지. 정확하고 쉽게 읽어내는 방법을 가르쳐주마.

첫 번째, **모르는 단어 과감하게 포기해라.**

(특히, 고전소설에서 한자라든지 어려운 단어들.)

두 번째, **항상 등장인물 위주로 독해해라.**

(특히, 등장인물들 간의 관계, 갈등 부분 위주)

세 번째, **갈등의 핵심을 찾아라.**

이렇게 소설을 읽으면서 작품을 구조화시키면 OK!

입체적 인물 vs 평면적 인물

소설에 등장하는 입체적 인물과 평면적 인물을 설명해 보라면 똑부러지게 설명할 수 있겠나? 무슨 말인지는 알겠는데, 설명하기는 애매하지? 그게 아직 공부가 덜 됐다는 증거다!! 안다고 그냥 넘기지 말고, 다시 한 번 설명 듣고 머리 속으로 되뇌여보자!

입체적 인물이란 작품 안에서 그려진 성격 이나 행동의 동기가 복잡하고 미묘한 인물로서, 한 작품내의 성격이 변화·발전하는 경우가 많단다. 소설 소나기 읽어봤나? 그 주인공에 처음에는 소녀를 보고 부끄러워서 아무 말도 못하는 소극적인 모습을 보이다가, 나중에 소녀와 둘이 눈이 맞아서 아주 그냥 북치고 장구치고 다 하는 그런 적극적인 모습을 보이잖니! 이렇게 입체적 인물이지!

이에 반해 **평면적 인물**이란 작품의 처음부터 끝까지, 행동이나 태도의 변화 없이 동일한 모습이나 특성을 드러내는 인물이란다. 반대로 평면적 인물의 예로는 흥부전의 흥부를 들 수 있지. 흥부 봐라. 이야기 전개 내내 착하잖니! 그냥 형수한테 뺨을 맞아도 밥풀이 볼에 붙었다고 헤벌레~ 나중에 박을 자르고 나니 그 안에 보물을 보고도 헤벌레~ 이런게 평면적 인물이지!

말하기 vs 보여주기

보여주기와 말하기! 영어로는 showing과 telling! 이게 뭔데? 대체 보여주기와 말하기가 뭔데 그렇게 자주 나오는 걸까? 보여주기는 그래 말 그대로 보여주는 거고! 말하기는 말해주는 건데! 그런데!!! 소설에서는 그걸 어떻게 알아낼 수 있느냐는 말이지.

일단 소설에서는 보여주기와 말하기가 소설에서 인물의 성격이나 심리 등을 나타낼 때 많이 사용된단다. **말하기**는 보통 직접 제시(직접 말하니까)라고 하며, 서술자가 직접 인물의 성격을 제시하는 기법을 말해. **보여주기**는 간접 제시라고 하고, 인물간의 대화나 행동 등을 통해 제시하는 기법(대화나 행동을 통해 인물의 성격을 파악해야 하니까 직접이 아니라는 거 알겠니?^^)이란다.

그럼 예를 한 번 들어볼까나?

'우리 사장님은 성품이 참 좋으신 분이다.'는 어디에 해당되겠니? 그래, 직접 제시에 해당되겠지! 직접 서술자가 사장님의 성품에 대해 언급하고 있으니까.

반면, '식사시간이 되자 사장님이 말씀하셨다. "마음껏 시켜라~ 난 짜장!"' 이건 어디에 해당할까? 그렇지! 간접제시에 해당하지. 사장님의 말씀을 통해서, 사장님의 은근 소심한 성격을 알 수 있으니까...^^ 이제 확실히 알겠지?

내적 갈등 vs 외적 갈등

갈등... 많이 들어봤지? 와... 이건 나올때마다 골칫거리지! 그렇다고 안할 수도 없고. 그럼 선생님이랑 차분히 정리해보자!

어떤 갈등이 발생했을 때, 일단 두 개의 상대적 입장을 정리하는거야! 예를 들어, 밤 늦은 시간에 야식을 먹을까, 말까? 하는 상황이 주어진다면, 두 개의 입장으로 나뉘겠지! 하나는 먹는게 남는거다! 일단 먹고보자는 입장과, 다른 하나는 내일을 생각해서 참자는 입장으로 말이야. 이때 먹고 보자는 마음과 먹지 말자는 마음은 둘 다 한 사람의 마음 속에 있는거지. 주인공 스스로의 내면에서 일어나는 갈등! 바로 이런 걸 내적갈등이라고 하는거야.

내적 갈등

> 그러나 이곳에는 뜻하지 않은 괴로움이 또한 있었다. 현규에 대한 감정은 언제나 내 맘을 무겁게 하고 있다. 너무나 고통스럽게 여겨질 때에는 여기 오지를 말았더면 하고 혼자 중얼대는 일도 있다. 그러나 그 생각은 오래 가지 않는다. 나는

만약 내 생애에서 한번도 그를 만나는 일이 없이 죽고 말 경우라는 것을 생각해 보면 가슴이 서늘해지기까지 한다. 아무 일도 이루어지지 않아도 좋았다. 나는 그를 만났다는 일만으로 세상의 어느 여자보다도 행복한 것이다.

그의 곁에서 호흡하고 있는 기쁨을 무엇을 바꿀 수 있을까? 그러나 나는 여전히 슬프고 초조한 것도 사실이다. 정직히 말한다면 내 기분은 일분마다 달라진다

— 강신재, 『젊은 느티나무』中

외적 갈등

그렇다면 외적갈등은 어떻게 생각하면 될까? 그렇지! 엄마가 먹지 말라는 쪽이고, 내가 야식을 시키려는 쪽으로 생각하면 되겠지. 그렇다면 하나의 입장은 엄마의 마음속에 있는거고, 다른 하나는 나의 마음속에 있겠지. 따라서 곧 엄마와 나의 외적 갈등이 되는거야. 이러한 외적갈등은 주인공과 다른 인물과의 표면적 갈등이라고 할 수 있단다^^ 반대로 외적갈등이란 '인물-인물', '인물-환경' 사이의 갈등을 의미한단다.

"아, 이년아! 남의 닭 아주 죽일 터이냐?"

내가 도끼눈을 뜨고 다시 꽥 호령을 하니까 그제야 울타리께로 쪼르르 오더니 울 밖에 섰는 나의 머리를 겨누고 닭을 내팽개친다.

"에이, 더럽다! 더럽다!"

"더러운 걸 널더러 입때 끼고 있으랬니? 망할 계집애년 같으

니!"

하고 나도 더럽단 듯이 울타리께를 힝하니 돌아 내리며 약이 오를 대로 다 올랐다라고 하는 것은 암탉이 풍기는 서슬에 나의 이마빼기에다 물찌똥을 찍 갈겼는데 그걸 본다면 알집만 터졌을 뿐 아니라 골병은 단단히 든 듯싶다.

— 김유정,『동백꽃』

외적 갈등이 잘 드러나는 대표적인 작품을 들자면 인간과 인간 사이의 갈등이 잘 나타나는 황순원의『학』, 김동리의『무녀도』, 김유정의『동백꽃』이 있고, 인간과 사회 사이의 갈등이 드러나는 채만식의『상록수』나『레디 메이드 인생』을 들 수 있단다.

개연성

개연성이란 소설의 이야기가 현실에서 실제로 일어날 법한 성질을 말하는거야. 허무맹랑한 이야기가 아니라 진짜 일어날수도 있는 일! 이해 하겠지? 그런데, 이 개연성은 우연성 그리고 필연성과 구별해야 해. 우연성은 고전소설 같은데서 전체 스토리와 무관하게 사건이 전개되는 거야.

필연성; 필연성이란 꼭 그렇게 되어야하는 성질.
필연성이란 필연적으로 반드시 그렇게 되는 성질을 말해.
예를 들어 사람은 죽는다는 것이 그거야. 사람이 죽는다는 것은 필연적이다라는 말도 있듯이 말이지.

우연성; 우연성이랑 계획이나 목표와 관계없이 어쩌다가 그렇게 되어지는 것.
보통 생이별한 부모나 연인을 다시 만나는 장면에서 가장 많이 등장하는 거야. 예를 들어서 사씨남정기에 보면 사씨가 쫓겨난 후 강가에 버려졌던 사씨의 아들을 정말 우연히! 다른 집에서 만나게 돼. (갓

난애일 때 버려졌다는 그 아들은 놀랍게도 어머니를 알아봐_-) 숙향전에서는 하필 숙향을 잡아들이라는 명령을 받은 관리가 병자호란 때 헤어졌던 아버지였는데 꿈으로 그 사실을 알게 돼. 고전소설 중에 전란으로 헤어졌던 남편을 피리 소리로 찾게 되었다든가 하는 예도 있어.

　고전소설의 등장인물들은 기막힌 타이밍을 자랑하고 있어. 주인공이 위기에 처했을 때 신선이나 다른 인물들이 홀연히 나타나서 도움을 주는 경우가 대표적이야. 이건 한국 고전소설뿐만 아니라 서양에서도 오랫동안 사용되어왔던 수법 중 하나야. 한국 고전소설에서는 좀더 인연이라든가가 강조되긴 하지만 말이지. 뭐, 주인공이 쫓기고 있는데 꿈속에서 '내일 모시 모처에서 사람을 구해라~'라는 말을 들은 누군가가 기적같이 주인공을 구해주고, 알고 보니 그 누군가는 주인공과 인연이 있는 사람이었다는 식이야. (위에 예로 든 사씨남정기, 숙향전에는 물론 다른 작품에도 무수히 나온다.)

의식의 흐름 기법

의식의 흐름 기법이란 용어 많이 들어봤지? 의식의 흐름 기법이란 의식이 변하는 대로 서술한 것을 말해. 그래! 말 뜻은 알겠는데 뭐가 의식의 흐름 기법이라는 걸까? 한 마디로 서술자의 마음 속 상태를 있는 그대로 써 내려가는 것(기술하는 것)을 말하는거야. 그래서 의식의 흐름 기법을 다른 말로 '내면의 받아쓰기' 그냥 받아쓰기도 어려운데, 내면의 받아쓰기라면 얼마나 어렵겠니!!

몸을 웅크리고 가마니 속에 쓰러져 있었다. 한 시간 후면 모든 것은 끝나는 것이다. 손과 발이 돌덩어리처럼 차다. 허옇게 흙벽마다 서리가 앉아 깊은 움 속, 서너길 높이에 통나무로 막은 문틈 사이로 차가이 하늘이 엿 보인다. 퀴퀴한 냄새가 코를 찌른다. 냄새로 짐작하여 그리 오래된 것 같지는 않다. 누가 며칠 전까지 있었던 모양이군. 그놈이나 매한가지지. 하고 사닥다리를 내려서자마자 조그만 구멍으로 다시 끌어 올리며 서로 주고 받던 그자들의 대화가 아직도 귀에 익다. 그놈이라고 불린 사람이 바로 총살 직전에 내가 목격하고 필사적으로 놈들의 사수射手를 향하며 방아쇠를 당겼던 그 사람이었을까…… 만일 그 사람이 아니었다면 또 어떤 사람이었을까…… 몸이 떨린다. 뼛속까지 얼음이 박힌 것 같다.

— 오상원, 『유예』

시점과 거리

    시점이란 소설의 이야기 전달자가 작품 속의 내용을 바라보는 위치를 말해. 그런거 있잖아. 그리고 **거리**란 소설을 구성하는 각 주체들 사이의 가리키는 정도를 가리키는 용어야. 보기 쉽게 정리해 줄게.

시점

1인칭 주인공 시점

1인칭 관찰자 시점

3인칭 전지적 시점   3인칭 관찰자 시점

TIP 1인칭 시점 = 작품 내부 서술자 (작품 속 서술자 '나'가 나옴)

3인칭 시점 = 작품 외부 서술자 (작품 속 서술자 '나'가 나오지 않음)

거리

인물, 사건의 내면을 분석하는 **1인칭 주인공시점**과 **전지적 작가시점**

(요소간의 심적 거리감: 대체로 말하기 telling)

❶ 등장인물과 독자의 사이는 멀어. 따라서 서술자라는 통역사가 필요해!! 서술자가 친절하게 말을 해주므로 독자는 등장인물에게 가까이 다가가서 이해할 필요가 없으므로 먼 거리를 취하게 되는 거지.

❷ "내 이야기 한 번 들어볼래?^" 독자와 서술자의 사이는 가까워.

1인칭의 경우는 수필과 같이 '나'의 이야기이므로 독자는 가깝게 느껴지는 것이지. 전지적 작가시점의 경우도 등장인물의 성격과 생각을 독자에게 잘 알려주는 성격의 시점이므로 독자는 가깝게 느끼게 된단다. 그러나 서술자와 독자의 거리는 1인칭 시점이 전지적 작가 시점보다 더 가까워. 왜냐하면, '나'의 이야기이기 때문이야.

❸ "난 다 알고 있어!!" 서술자와 등장인물의 사이는 가까워.
1인칭의 경우는 등장인물인 '나=서술자'이므로 가깝고 전지적 작가 시점의 경우 등장인물의 심리까지 모두 알고 있으므로 가깝다고 할 수 있는 것이지.

인물, 사건의 외부를 관찰하는 1인칭 관찰자시점과 작가 관찰자시점
(요소간의 심적 거리감: 대체로 보여주기 showing)

❶ 등장인물과 독자의 사이는 가까워.
서술자는 단지 보여주기만 하므로 독자 입장에서는 등장인물을 알아보기 위해 가까이 다가가야 해.

❷ 독자와 서술자의 사이는 멀어.
관찰자 시점은 보여주는 시점을 많이 취하므로, 서술자와 독자 사이의 거리는 멀게 느껴집니다.

❸ 서술자와 등장인물의 사이는 멀어.
관찰자는 등장인물과 좀 떨어진 거리에서 관찰하는 것이므로 거리는 멀다고 할 수 있어.

※ '독자와 등장인물' 사이의 거리감은 '서술자와 등장인물' 사이의 거리에 반비례하는 관계야. 작가는 서술자와 다를 수 있어. 1인칭의 경우, 작가가 만들어낸 작품 속 허구의 인물이 나로 등장할 수 있으니까 말야.

전기적傳奇的 vs 전기적傳記的

말이 다 똑같아서 하나만 알고, 어디에든 써먹을 수 있다고 생각하면 큰 오산이지!

그래서! 국어 1등급의 경지로 오르는 것이 이렇게 힘든거란다.

사소한 부분까지 꼼꼼히 제대로 알고 넘어가야 하지!! 그냥 대충대충 넘어간다면, 1등급 굳히기는 절대 실현 불가능한 일이야. 따라서 우리는 뭘해야한다? 그래! 꼼꼼히 정리해야 한다!! 이것도 한 번 선생님과 볼까? **전기적傳奇的**이란 기이하고 비현실적인 것을 의미해. 주로 고전소설에서 많이 나타나는 특징으로 도술의 세계, 상상에서나 가능한 일 등이 주로 그려진단다. 아래 작품을 참고하렴.

> "너희 등이 일향 마음을 고치지 아니하니 나의 재주를 구경하라."
> 하고 언파에 무슨 진언을 외더니, 문득 공중으로 두 줄 무지개 일어나며 우박이 담아 붓듯이 오며, 순식간에 급한 비와 설풍이 내리고 얼음이 일어, 호진 장졸이며 말굽이 얼음에

붙어 떨어지지 아니하여 촌보를 운동치 못할지라.

— 작자 미상, 『박씨전』中

　박씨전의 일부를 봤지. 박씨부인이 말한마디 한다고, 무지개가 생기고 우박이 내리고~~ 무슨 박씨부인이 지니도 아니고... 말만하면 다 빵빵 터지네!! 이렇게 전기적이라는거야. 참~ 비현실적이지?

　그리고 다른 뜻 하나를 더 볼까?

　전기적傳記**的**이란 한 사람의 생애나 행적 등을 중심으로 적은 것을 의미해. 대표 작품으로는 박지원의 『예덕선생전』,『광문자전』,『민옹전』등이 있어. 모두 주인공의 일화나 행적을 중심 내용으로 다룬 전기적 성격을 띤 소설들이야. 이제 알겠니?^^

서술상 특징

극적 긴장감

'극적 긴장감을 뚜렷이 느낄 수 있다.'라는 말은 무슨 의미일까? 극적 긴장감이 뭐야 대체!!!

평범한 이야기는 독자의 흥미를 끌기 어렵지? 인물 간의 갈등이 심화된다든지, 위기 상황이 심화됨으로써 사건의 긴장도가 높아지면, 비로소 독자는 이러한 장면에 대해 흥미를 갖게 될 거야. 이런 것을 두고 '극적 긴장감이 더해진다'라고 한단다. **다음 작품을 살펴보자.**

우리 집에 강도가 든 것은 공교롭게도 그날 밤이었다. 난생 처음 당해 보는 강도였다. 자꾸만 누군가 내 어깨를 흔들어 대고 있었다. 귀찮다고 뿌리쳐도 잠자코 계속 흔들었다. 나를 깨우려는 손의 감촉이 내 식구의 그것이 아님을 퍼뜩 깨닫고 눈을 떴을 때 나는 빨간 꼬마 전구 불빛 속에서 복면의 사내를 보았다. 그리고 똑바로 내 멱을 겨누고 있는 식칼의 서슬도 보았다. 술냄새가 확 풍겼다. 조명 빛깔을 감안해서 붉은 빛을 띤 검정 계통의 보자기일 복면 위로 드러난 코의 일부와 눈자위가 나우 취해 있음을 나는 재빨리 간파했다.

"이러나, 얼른 일어나라니까."

나 외엔 더 깨우고 싶지 않은지 강도의 목소리는 무척 낮고 조심스러웠다. 나는 일어나고 싶었지만 도무지 일어날 수가 없었다.

— 윤흥길, 『아홉 켤레의 구두로 남은 사내』 중

'강도가 들었다.'에서 끝나면 재미없지! 누가 그걸 계속 읽겠어? 위 작품처럼 생동감 넘치는 긴장감을 조성하니까 계속 보게 되는거지! 이렇게 전개되는 상황 안에서 우리는 긴장감을 느낄 수 있는거야!^^

방언 사용

방언을 사용해서 얻는 효과가 무엇일까?

일단 너희 '방언'의 의미는 알고 있겠지? 응, 그래! 우리가 사투리라고 말하는 그거야!

전라도에서 말하면 '거시기 ~' 이런 것 들이지. 이런 방언은 지역의 여러 특징을 기반으로 독자적으로 생성된 언어이기 때문에, 그 지역에서 예부터 전해 오는 다양한 문화, 전통, 역사가 살아 숨 쉬고 있어. 그리고, 그 지역 사람들의 독특한 정서가 깊이 배어 있다고 볼 수 있지. 너희들 문학 작품에서 종종 사투리로 된 표현들이 나오지? 예를 들어, "긍게."라는 방언 표현이 있다고 보자. 이 말은 "그래."와 같은 뜻인데, 아무래도 "긍게." 라는 말이 더 현장감 있지 않니? (설마, 나만 그런거니?) 따라서 이러한 방언 사용은 사실적인 현장성을 얻는데 효과적이란다.

빈번한 장면전환

너희들 생각해봐! 영화 '파묘'를 본다고 치자. 거기서 긴장감을 고조시킬 때, 효과음과 빈번한 장면전환은 인물들 사이의 긴장감을 고조시키는 효과가 있어.

승상이 폐제를 모시고 남성문에 올라 청룡기靑龍旗를 두르니, 최선봉 양철이 십만 정병을 거느리고 동성문을 쳐 백이해를 맞아들이고 백호기白虎旗를 두르니 우선봉 신담이 팔만 정병을 거느려 서성문을 쳐 유지엄을 맞아들이니, 삼대진三大陳이 합세하여 궁성을 둘러싸고 치니 대장 추통이 군병 대세를 당치 못하여 죽도록 막더니, 선봉장 양철이 말을 몰아 추통과 접전하여 이십여 합에 승부를 결단치 못하더니, 총독장 마맹덕이 말 위에서 보다가 크게 소리하고 달려들어 일합에 추통의 머리를 베어 선봉 깃대에 달고 좌충우돌하니, 건성이 추통의 죽음을 보고 크게 놀라 신하들을 거느리고 북문으로 달아나거늘, 승상이 북을 올리며 기를 둘러 좌우 군병을 재촉하여 급히 따르니, 건성이 후군後軍 급함을 보고 유성장 한원과 도총독 배웅으로 뒤를 막으라 하고 닫더니, 선종방 양철이 군사를 재촉하여 쫓아가며 후군을 치니 환원 등이 선봉을 막거늘, 양철이 달려들어 한원을 베고 우선봉 신담은 배웅을 베고 급히 쳐들어가니, 건성군이 힘이 다하매, 중서랑 추원에게 명하여 옥새를 봉하여 드리거늘, 양철이 마상에서 칼 끝에 받아 들고 크게 외쳐 왈,

"반적 건성은 하늘로 오르며 땅으로 들다. 어디로 가리오."

— 작자미상,『정경전』中

구어적 표현

구어란 문장에서만 쓰이는 특별한 말이 아니라, 보통의 대화에서 쓰는 말을 의미해.

형식은 얼마큼 마음에 수치한 생각이 나서 고개를 돌리며,

"아직 그런 말에 익숙지를 못해서……"하고 말끝을 못 맺는다.

"대관절 어디로 가는 길인가? 급지 않거든 점심이나 하세그려."

"점심은 먹었는걸."

"그러면 맥주나 한잔 먹지."

"내가 술을 먹는가."

"그만두게. 사나이가 맥주 한 잔도 못 먹으면 어떡한단 말인가. 자 잡말 말고 가세" 하고 손을 끌고 안동파출소 앞 청국 요릿집으로 들어간다.

"아닐세. 다른 날 같으면 사양도 아니하겠네마는" 하고 다

른 날이란 말이 이상하게나 아니 들렸는가 하여 가슴이 뛰
면서,

"오늘은 좀 일이 있어."

"일? 무슨 일? 무슨 술 못 먹을 일이 있단 말인가."

다른 사람 같으면 이러한 경우에 다만 '급히 좀 볼일이 있어'
하면 그만이려니와 워낙 정직하고 나약한 형식이라, 조곰이
라도 거짓말을 못하여 한참 주저주저하다가,

"세시부터 개인교수가 있어."

"영어?"

"응."

"어떤 사람인데 개인교수를 받어?"

형식은 말이 막혔다. 우선은 남의 폐간을 꿰뚫어볼 듯한 두
눈으로 형식의 얼굴을 유심하게 들여다본다. 형식은 눈이 부
신 듯이 고개를 숙인다.

— 이광수, 『무정』 中

토속적인 분위기 ─────────────────────────

  토속적 분위기가 무슨 뜻인지 모르는 수험생들이 있어!! 토속적
이다~ 그냥 얼버무려 갈생각하지 말고, 다시 한 번 사전의 용어 정
리부터 살펴보도록 하자!^^ 1등급으로 도약하려면, 그리고 그 자리
를 굳히려면 꼼꼼한 용어정리는 필수라는 거 잊지 않았겠지? '토속'
의 사전적인 의미는 '그 지방 특유의 습관이나 풍속'을 말한다. 우
리 지리 공부하다 보면 그런 거 있잖아... 어디 지방은 어떤 축제! 이런
거...^^ 따라서 토속적이란 이러한 풍속이 잘 드러나는 가리켜 사용하

는 용어라고 할 수 있지. 이제 완벽하게 알겠니?^^

토속적 분위기가 잘 드러나는 작품을 볼까.

사람들이 없으면 틈틈이 제 집 수탉을 몰고 와서 우리 수탉과 쌈을 붙여 놓는다. 제 집 수탉은 썩 험상궂게 생기고 쌈이라면 화를 치는 고로 으레 이길 것을 알기 때문이다. 그래서 툭하면 우리 수탉이 면두며 눈깔이 피로 흐드르하게 되도록 해 놓는다. 어떤 때에는 우리 수탉이 나오지를 않으니까 요놈의 계집애가 모이를 쥐고 와서 꾀어내다가 쌈을 붙인다.

이렇게 되면 나도 다른 배차를 차리지 않을 수 없었다. 하루는 우리 수탉을 붙들어 가지고 넌지시 장독께로 갔다. 쌈닭에게 고추장을 먹이면 병든 황소가 살모사를 먹고 용을 쓰는 것처럼 기운이 뻗친다 한다. 장독에서 고추장 한 접시를 떠서 닭 주둥아리께로 들여 밀고 먹여 보았다. 닭도 고추장에 맛을 들였는지 거스르지 않고 거진 반 접시 턱이나 곤잘 먹는다. 그리고 먹고 금시는 용을 못쓸 터이므로 얼마쯤 기운이 돌도록 홰속에다 가두어 두었다.

밭에 두엄을 두어 짐 져내고 나서 쉴 참에 그 닭은 안고 밖으로 나왔다. 마침 밖에는 아무도 없고 점순이만 저희 울안에서 헌옷을 뜯는지 혹은 솜을 터는지 웅크리고 앉아서 일을 할 뿐이다.

— 김유정, 『동백꽃』

간결한 문장

간결한 문장을 연속해서 사용해 얻는 효과가 무엇일까?
다음 (가)와 (나)를 한번 봐봐.

> **(가)** 내일 아침 조회 시간 영단어 테스트를 위해, 2시간 새우잠을 자고 밤새도록 영어단어를 외웠지만, 짝꿍이 페이지를 잘못 알려준 바람에, 나는 단어 테스트를 망치고, 곧 담임샘은 나를 불러 죽빵을 날리셨다.
>
> **(나)** 내일 아침 조회시간에 단어 시험을 본다. 2시간을 잤다. 새우잠을 잔거다. 맞지 않기 위해 필사적으로 외웠다. 뜨든! 그러나 오늘 시험 볼 범위는 2단원이 아닌 3단원. 그랬다. 2시간 잔 의미가 없어졌다. 몇 분 후, 담임샘이 나를 불렀다. 담임샘이 나를 보며 웃는다. 두 주먹을 꽉 쥔채로... 그래. 인생이란 다 그런것이다. 한방에 훅 가는 것...

(가)와 (나)는 같은 내용을 담고 있지만 와닿는 느낌이 다르지 않니? (아니라고? 그럼 다를 때 까지 계속 무한반복!!) 그래. 앞 문장은 끊어 읽기도 제대로 못하고, 그냥 그런가보다~ 하지만 뒷 문장은 딱딱 간결하게 끊어지기 때문에, 긴장감과 박진감을 느낄 수 있잖아^^

일반적으로 간결한 문장의 연속은 호흡을 빠르게 함으로써 사건의 흐름이나 장면의 전환을 빠르게 하고, 박진감을 준다. 아래 작품을 참고해서 간결한 문장을 사용했을 때 얻는 효과를 이해해보길.

어림짐작으로 보자기 안의 몸을 재어 보니 어린 여자 아이는 아니었다. 드디어 심생은 바짝 붙어 뒤를 쫓았다. 멀찍이 따르다가 소매로 스치며 지나가기도 하면서 눈은 한순간도 그 보자기를 떠나지 않았다. 걸음이 소광통교에 이르렀을 때, 갑자기 회오리바람이 앞에서 일어나 자주색 보자기를 반이나 들추었다. 아니나 다를까 처녀가 나타나는데 복숭아 빛 발그레한 뺨에 버들가지 같은 가는 눈썹, 초록 저고리에 다홍치마, 연지분이 몹시 고와 설핏 보아도 절색이었다.

— 이옥, 『심생전』 중

해학과 풍자

　해학과 풍자. 그 말이 그 말 같지? 그냥 해학과 풍자라 하면 웃긴 거! 재밌는거! 이런 막연한 개념이 떠오르잖아. 저렇게 같은 뜻이라면 굳이 왜 다르게 나눠서 해학과 풍자라고 하는걸까? 해학은 현실의 모순이나 결함까지도 그대로 수용하고 삶을 긍정하는 낙관적이고 관조적인 자세에서 비롯되는 것이지만, 풍자는 현실의 문제점을 비판하고 그것을 개혁하고자 하는 자세에서 비롯된다는 큰 차이점이 있어. 해학의 예를 한 번 들어볼까?

　흥부와 놀부에서 흥부를 한번 생각해 보자! 먼저 해학의 예를 들어볼게. 잘 봐봐. 흥부전에서 흥부가 놀부집에 먹을 것을 얻기 위해 갔다가 놀부마누라에게 밥주걱으로 뺨을 얻어맞잖아. 불꽃 싸다구~~~ 여기서 보통 상황이라면 화를 내거나 당황해야 하는데 흥부는 밥주걱에 붙은 밥풀을 떼어먹으면서 맞지 않은 반대쪽 뺨을 내밀고, '여기도 때려 주십시오, 형수님.'이라고 말하여 웃음을 자아내게 하지.

　이렇듯 해학에서의 웃음은 우리가 일반적으로 생각하는 웃음으로 우스꽝스러움, 익살, 무해한 웃음, 공격성을 띠지 않은 웃음으로 볼 수 있겠지!

그럼 풍자는 어떻게 될까? 우리 교과서에 나오는 봉산탈춤이라는 작품 기억나니? 거기에서 하인으로 등장하는 말뚝이란 인물은 무능력하고 권위만 내세우는 양반을 조롱함으로써 당시 사회에 대한 비판의식과 함께 웃음을 자아내게 하지! 여기서의 웃음, 즉 풍자에서 웃음이란 상대에 대한 빈정거림, 조소와 비꼬기, 냉소, 공격성을 띤 웃음! 즉 이것은 풍자라고 할 수 있겠지. 이해 됐니?^^

김유정의 『봄봄』이나 『동백꽃』 등에서 드러나는 웃음은 해학적인 수법에 의한 것이고, 채만식의 『태평천하』, 『치숙』 등에서 드러나는 웃음은 차갑고 날카로운 비판 정신이 숨어있는 풍자적인 수법에 의한 것이라고 할수 있단다.

옴니버스

옴니버스식 구성이란 말 들어 보았을 거야. 옴니버스가 뭘까? G버스, 마을버스, 옴니버스...?(미안....^^^^^^^^^;;;) 옴니버스의 원래 뜻은 '합승자동차'라는 뜻이야. 옴니버스란 여러 대의 버스를 이어 놓은 것처럼, 하나의 주제 아래 여러 가지 이야기들을 독립하여 이어 놓은 형태를 말한단다. 전통 가면극인 『봉산탈춤』, 『양주 별산대 놀이』가 각 과장이 각각 주제를 가지고 독립적으로 구성되는 옴니버스식 구성을 취하고 있다고 볼 수 있어.

염세적

    염세적이란 말은 세상을 싫어하며 모든 일에 부정적 태도를 취하는 것을 의미해. 딱 죽지못해 산다는 말이 여기에 어울리는 말이지!

> 공동묘지 속에서 사니까 죽어서나 시원스런 데 가서 파묻히겠다는 것인가? 그러나 하여간에 구더기가 득시글득시글하는 무덤 속이다. 모두가 구더기다. 너도 구더기, 나도 구더기다. 〈중략〉 에잇! 뒈져라! 움도 싹도 없이 스러져 버려라! 망할 대로 망해 버려라! 사태가 나든지 망해 버리든지 양단간에 끝장이 나고 보면 그 중에서 혹은 조금이라도 쓸모 있는 나은 놈이 생길지도 모를 것이다.
>
> — 염상섭, 『만세전』 중

    이 작품에서 주인공이 세상을 바라보는 시선은 매우 부정적임을 알 수 있어. 일제에 의해 무덤과도 진배없는 사회의 상황을 보면서 염증을 느끼고 차라리 망해버렸으면 좋겠다는 극단적인 생각을 하고 있어. 바로 이런 주인공의 시선에서 염세적 태도를 느낄 수 있어. 그 냥 갈 때 까지 가자는거지~~ 설마, 수능 앞두고 너희들 그러는 거 아니지? 진짜, 수능은 마지막까지 흔들리지 않는 사람이 승리하는 법이란다. 힘내자!^^

자조적

　자조적이란 말 모르는 수험생들이 있더라구. 어디 한자를 풀어서 볼까? 자조할 때 자는 스스로 자自이구, 조는 조롱하다 할 때 조嘲자야. 따라서 자조적이라는 말은, 스스로 자기 자신을 비웃는 것을 뜻해. 스스로 자기 자신을 비웃는다면... 여기서 우리는 어떤 감정을 느낄 수 있을까? 왠지 씁쓸하지 않을까? 어쩔 수 없이 현실에 고개 숙이는 자신이 비참하게 느껴질 수도 있겠지?

복선

소설에서 복선 많이 들어 보았을 거야. 복선이란 앞으로 전개될 상황에 대한 암시로서 소설이나 희곡 등에서 뒤에 벌어질 사건을 넌지시 비쳐주는 기법을 의미한단다. 쉽게 말하면 냄새가 난다고 표현해야 하나? 약간 낌새를 차릴 수 있도록 뭔가를 제시해 주는거지! 예를 들어 볼까? 소나기라는 소설 읽어봤니? 거기 보면 소녀의 꽃다발이 뭉게지는데, 그것은 소녀의 죽음을 암시해 주는 복선 역할을 하지^^

아이들은 앵돌아진 투로 소리를 치며 깔깔 웃었다. 허생원은 주춤하면서 기어코 견딜 수 없이 채찍을 들더니 아이를 쫓았다.
"쫓으려거든 쫓아 보지. 왼손잡이가 사람을 때려."
줄달음에 달아나는 각다귀에는 당하는 재주가 없었다. 왼손잡이는 아이 하나도 후릴 수 없다. 〈중략〉 나귀가 걷기 시작하였을 때 동이의 채찍은 왼손에 있었다. 오랫동안 아둑시니 같이 눈이 어둡던 허생원도 요번만은 동이의 왼손잡이가 눈에 뜨이지 않을 수 없었다.

— 이효석,『메밀꽃 필 무렵』중

이 소설의 앞 부분에서 허생원은 왼손잡이라는 사실이 뒷부분의 동이가 왼손잡이라는 사실과 자연스럽게 연결되어 허생원과 동이가 부자 관계임을 짐작할 수 있게 해. 즉, '왼손잡이'가 이 소설의 복선이 되는거야.

가전체

　가전체란 어떤 사물을 의인화하여 전기(傳記)의 형식을 빌려 서술한 것을 말한단다. 쉽게 말해 사물을 사람처럼 빗대어 표현한거야! 국순 전이라고 들어봤니? (처음이라면 네이버 지식인으로 당장 달려가도록!!) 거기에서 주인공 국순(麴醇)이 등장하는데, 국순은 곧 = 누룩술(醇=진한 술 순)을 뜻한단다. 마치 사람인 듯 표현했지만, 속뜻은 누룩술이라는 거지. 이런 작품을 가전체 소설이라 하고, 이러한 작품으로는 임춘의 술을 의인화한『국순전』과 엽전을 의인화한『공방전』 등이 있지! ^^*

성장소설

　성장소설이란 말 그대로 이해하면 된단다. 성장이 자란다는 뜻이 잖아. 그러니까, 미숙한 주인공의 육체적, 정신적 성장 과정을 형상화 한 것을 의미해. 커가는 과정을 써내려 갔다고 보면 쉽게 이해할 수 있지! 대표적인 성장 소설에는 강신재의 『젊은 느티나무』, 박완서의 『배반의 여름』, 황순원의 『소나기』, 이문열의 『젊은 날의 초상』 등이 있단다.

군담소설

군담소설이란 임진왜란이나 병자호란의 전쟁이야기가 주된 줄거리가 되는 소설을 의미해. 군담소설에는 『유충렬전』, 『소대성전』, 『임경업전』, 『박씨전』, 『조웅전』, 『옥루몽』 등이 있단다.

방백

　극문학 공부할 때 방백이라는 용어 많이 들어보았지? 방백이란 연극에서 등장인물이 하는 대사가 청중(관객)에게는 들리지만 무대 위의 다른 배우에게는 들리지 않는 것으로 '약속'한 것 또는 그 대사를 의미 한단다.

서사적 구조

서사적 구조란 시간의 흐름에 따라 서술한 것을 말해. 인물(누구), 배경(언제, 어디서), 사건(왜, 무엇을, 어떻게)의 구성 요소를 갖춘 이야기 형식의 구조를 이야기한다고 볼 수 있어. 서사 구조를 가진 글에는 소설, 희곡(시나리오), 서사적 수필, 신문 기사 등이 있어.

이튿날 아침까지 권씨는 귀가해 있지 않았다. 출근하는 길에 병원에 들러 보았다. 수술 보증금을 구하러 병원 문밖을 나선 이후로 권씨가 거기에 재차 발걸음한 흔적은 어디에서도 찾아볼 수가 없었다.

그 다음 날, 그 다음다음 날도 권씨는 귀가하지 않았다. 그가 행방불명이 된 것이 이제 분명해졌다. 그리고 본의는 그게 아니었다 해도 결과적으로 내 방법이 매우 졸렬했음도 이제 확연히 밝혀진 셈이었다. 복면 위로 드러난 두 눈을 보고 나는 그가 다름아닌 권씨임을 대뜸 알아차릴 수 있었다. 밝은 아침에 술이 깬 권씨가 전처럼 나를 떳떳이 대할 수 있게 하자면 복면이 사내를 끝까지 강도로 대우하는 길 뿐이라고 판단했었다. 그래서 아무 일도 없었던 듯이 병원에 찾아가서 죽지 않은 아내와 새로 얻은 세번째 아이를 만날 수 있게 되기를 기대했던 것이다. 현관에서 그의 구두를 확인해 보지 않은 것이 뒤늦게 후회되었다.

— 윤흥길,『아홉 켤레의 구두로 남은 사내』중

희화화

    희화화란 인물의 외모나 성격 혹은 사건 자체를 의도적으로 우스꽝스럽게 묘사함으로써 대상을 풍자하는 기법을 말한단다. 희화화란 말 자체에서 그런 뉘앙스가 풍기지 않니? 나만 그런거니?^^;;;; 이혼한 사람들이 다시 결혼을 준비할 때, 보통 마일리지가 적립되었다고 하는데 이렇게 희화화한 표현이란다^^;

    작품으로 이해해 보자.

> 조조는 술 빛이요, 정욱 면상 불빛이라, 허저는 창만 들고 장요는 활만 들고, 죽을 뻔 도강하야 겨우겨우 달아날 제, 황개 쫓아가며 외는 말이, "붉은 강포 입은 놈이 조조니라!" 조조의 혼 기겁하야 홍포 벗어 던져 버리고, 군사 전립 앗어 쓰고, "참 조조는 저기 간다!" 제 이름을 제 부르며 꾀탈 양탈 도망헐 제, 〈중략〉 조조 겁 중에 말을 거꾸로 타고, "아이고, 이 말이 퇴불여전하여 적벽으로만 뿌두둑 뿌두둑 들어가니, 주유, 노숙이 육전 축지법을 못하는 줄 알았건마는, 상프듬

땅을 찍어 뭐이나 부다.”

— 작자 미상, 『적벽가』 중

　이 작품에서는 조조를 졸장부로 희화화하여, 그의 영웅적 면모보다는 경박스럽고 나약한 인물로 변용시켜 조롱하고 있어.

우의적

    우의적 수법이란 겉으로는 엉뚱한 딴 말인 듯하면서도 그 말 속에 자기의 본 마음을 붙이는 것. 즉, 말 안에 뼈가 있는거지. 인간을 다른 사물이나 동물에 비유함으로써 인간 정신의 긍정적이고 고상한 측면보다는 부정적이고 저속한 측면을 집중적으로 부각시켜 풍자하는 방법이야. 우의의 기본 방법은 의인화에 있으며, 인간의 어리석음, 간사함, 비굴함, 탐욕, 게으름 등이 우의를 통해 풍자되는 주된 내용들이지. 이는 우의적 수법이 인간과 현실에 대한 비판 정신을 드러내는데 효과적으로 사용될 수 있음을 의미해. 우의적 수법이 쓰인 대표적 작품을 예로 들자면 박지원의 『호질』과 이솝 우화, 버년의 『천로역정』, 사설 시조(고시조) 등이 있어.

범은 북곽 선생을 여지없이 꾸짖었다.
'내 앞에 가까이 오지 말아라. 내 듣건대 유儒는 유諛라 하더니 과연 그렇구나. 네가 평소에 천하의 악명을 죄다 나에게 덮어씌우더니, 이제 사정이 급해지자 면전에서 아첨을 떠니 누가 곧이듣겠느냐? 천하의 원리는 하나뿐이다. 범의 본성本性이 악한 것이라면 인간의 본성도 악할 것이요, 인간의 본성이 선善한 것이라면 범의 본성도 선할 것이다. 너희들의 떠드는 천 소리 만 소리는 오륜五倫에서 벗어난 것이 아니고, 경계하고 권면하는 말은 내내 사강四綱에 머물러 있다. 그런데 도회지에 코 베이고, 발꿈치 짤리고, 얼굴에다 자자刺字질하고 다니는 것들은 다 오륜을 지키지 못한 자들이 아니냐? 포승줄과 먹실, 도끼, 톱 같은 형구形具를 매일 쓰기에 바빠 겨를이 나지 않는데도 죄악을 중지시키지 못하는구나. 범의 세계에서는 원래 그런 형벌이 없으니 이로 보면 범의 본성이 인간의 본성보다 어질지 않느냐? 범은 초목을 먹지 않고, 벌레나 물고기를 먹지 않고, 술 같은 좋지 못한 음식을 좋아하지 않으며, 순종 굴복하는 하찮은 것들을 차마 잡아먹지 않는다. 산에 들어가면 노루나 사슴 따위를 사냥하고, 들로 나가면 말이나 소를 잡아먹되 먹기 위해 비굴해진다거나 음식 따위로 다투는 일이 없다.

— 박지원, 『호질』 中

액자 소설

　액자소설이란 이야기 속에 또 하나의 이야기가 액자처럼 끼어 들어가 있는 소설을 말해. 이 소설은 내부 이야기를 끌어들여 이야기하기 때문에(외부 이야기 ⇒ 내부 이야기) 불가피하게 시점이 이동되는 특징을 가지고 있어. 그러나 거리의 객관화를 통해 신뢰감을 줄 수 있다는 이점도 가지고 있단다. 액자식 구성을 특징으로 하는 대표적인 한국 소설에는 박지원의 『옥갑야화』, 김만중의 『구운몽』, 김동인의 『배따라기』, 『광화사』, 김동리의 『무녀도』, 전영택의 『화수분』, 현진건의 『고향』, 황순원의 『목 넘어 마을의 개』, 이청준의 『매잡이』, 『병신과 머저리』, 『선학동 나그네』, 김승옥의 『환상수첩』 등이 있어.

논지 전개 방식

화제 또는 문제를 제시하는 방법

화제를 직접 제시하는 방법

일반적인 통념에 대하여 문제를 제기하는 방법

예시 또는 경험을 통해 중심화제에 대해 설명하는 방법

독자에게 질문을 던지는 방법

화제 또는 문제를 구체적으로 다루는 방법

화제에 대한 보충 설명을 하는 방법

화제에 관한 여러 가지 관점을 제시하는 방법

기존에 있는 개념의 오류나 문제점을 지적하는 방법

가설을 제시하고 이에 대한 검증을 통하여 글을 전개하는 방법

글쓴이가 질문을 하고 그에 답하는 방법

정의, 비교, 대조, 예시의 방법

화제에 관한 인식의 변화를 설명하는 방법

논지를 뒷받침/강조하는 방법

사례를 통해 뒷받침하는 방법

특정 이론을 통해 뒷받침하는 방법

다른 관점에서 논지를 강조하는 방법

다른 의견을 반박함으로써 논지를 뒷받침하는 방법

글을 마무리하는 방법

논의한 내용에 대한 해결책의 필요성을 제안하는 방법

마지막으로 논지를 뒷받침하면서 끝내는 방법

추론

오류

성급한 일반화의 오류

무지에의 호소의 오류

논점 이탈의 오류

흑백 논리의 오류

군중에의 호소의 오류 (다수에 호소하는 오류)

정황에의 호소의 오류

순환 논증의 오류

논리적 전제

통시적, 공시적

유추

변증법

자의성

유기적

내연 / 외연

요지

PART 3
비문학(독서)

논지 전개 방식

비문학(독서)에서 자주 등장하는 용어 중에 논지 전개 방식이라고 들어봤니? 들어는 봤겠지…… 안들어 봤으면 국어영역시간이 우울해지는데… 괜찮다! 지금 들어보면 되지! 그럼 우리 하나씩 풀어서 설명해볼까? 일단, **논지**는 논하고자 하는 주제, 핵심 포인트라고도 하지. 전개방식은 뭘까? 말 그대로 이야기를 전개(펼쳐가는 것)하는 방법이겠지. 그럼 **논지 전개 방식**이란 글쓴이가 글을 통해 나타내는 글의 주제나 요지를 전달하는 방법(방식)이겠네.

글쓴이가 자신이 말하고자 주제를 막무가내로 쓴다면, 내용이 난잡하고 무슨 말을 하는 지 알 수 없겠지? 한마디로 개판이지 뭐. 따라서, 글쓴이는 자신의 글의 논지를 독자들에게 효과적으로 전달하려면 여러 가지 방법을 쓰게 될거야. 인과 관계(원인과 결과 관계)에 따라 글을 전개하거나, 구체적인 예를 들어서 주장을 뒷받침 하거나, 상반된 의견을 대조하여 주제를 부각시키는 등의 방법이 있겠지. 글의 논지 전개 방식의 기본적인 틀을 알면, 논지 전개 방식을 묻는 문제를 정확히 푸는 것은 물론이고 글의 전체 내용을 이해하기가 훨씬 쉬워질거야. 그런데 다양한 논지 전개 방식의 방법들을 이해하고 숙달하는 것은 쉬운 것이 아니니까 기출 지문을 통해 연습하는게 가장 중요해.

화제 또는 문제를 제시하는 방법 ———————————

화제를 직접 제시하는 방법

"화제를 직접 제시한다." 굳이 왜 이렇게 따로 정리를 해둬야 하는 걸까? 그러는데는 다 깊은 뜻이 있단다!! 일단 우리 '화제'라는 말부터 풀어볼까? 화제는 이야기 거리를 뜻해. 근데 이런 화제에 대해 직접적으로 질문을 하거나 문제제기를 하려면, 글을 어떻게 써야할까? 너희들 생각해봐. 국어샘이 국어영역 키워드라는 책을 사오라고 하셨어. 그럼 너희 당당하게 말하지! 엄마! 나 국어샘이 책사라는데 돈 줘! 그리고 너희는 꼭, 정가의 1.5배로 가격을 부르기! 너희는 1.5배로 부풀려 가격을 부르면서도 엄마에게 아무렇지 않은 척 당당하게 말할 수 있는것! 그것을 직접 제시라고 한단다. 화자가 말하고자 하는 그것!! 비문학에서도 이렇단다. 기출된 지문을 보고 다시 한 번 파악하자!

최근 들어 도시의 경쟁력 향상을 위한 새로운 전략의 하나로 창조 도시에 대한 논의가 활발하게 진행되고 있다. 창조 도시는 창조적 인재들이 창의성을 발휘할 수 있는 환경을 갖춘 도시이다. 즉 창조 도시는 인재들을 위한 문화 및 거주 환경의 창조성이 풍부하며, 혁신적이고도 유연한 경제 시스

텀을 구비하고 있는 도시인 것이다.

— (직접 제시하는 방법)

컴퓨터에서 동영상을 본 사람은 한 번쯤 '어떻게 작은 파일 안에 수십만 장이 넘는 화면들이 들어갈 수 있을까?' 하는 의문을 가진 적이 있을 것이다. 동영상 압축은 막대한 크기의 동영상 데이터에서 필요한 정보만 남김으로써 화질의 차이는 거의 없이 데이터의 양을 수백 분의 일까지 줄이는 기술이다. 동영상 압축에서는 일반적으로 화면 간 중복, 화소 간 중복, 통계적 중복 등을 이용한다.

— (질문을 던지는 방법)

일반적인 통념에 대하여 문제를 제기하는 방법

사람들이 흔히 알고 있는 사실을 일반적인 통념이라고 하는데 잘못된 통념이 알려져 있는 경우 이를 바로잡기 위해서 쓴 글이야. 일반적인 통념을 제시하고 이에 대한 문제를 제기하면서 글을 시작하는 방법이지. 너희가 당연히 알고 있는 사실이 틀렸다고 하면 글이 확 눈에 들어오겠지?

EX 흔히 예술은 직관적 영감으로, 과학은 논리적 지식으로 이루어진다고 생각하지만, 그렇지 않다.

└ 일반적 통념   └→ 문제 제기

예술이 무엇이냐는 질문에 우리는 레오나르도 다빈치의 '모나리자'나 베토벤의 교향곡이나 발레 '백조의 호수' 같은 것

└→ 일반적 통념

이라고 대답할지 모른다. 물론 이 대답은 틀리지 않았다. 하지만 질문이 이것들 모두를 예술 작품으로 특징짓는 속성, 곧 예술이 본질이 과연 무엇인지를 묻는 것이라면 그 대답은 무엇이 될까?

└➤ 문제 제기

예시 또는 경험을 통해 중심화제에 대해 설명하는 방법

너희들 그런거 있지? 막 졸리다가도 아는 얘기 나오면(주로 연예인이나 게임) 막 갑자기 눈에 쌍라이트 켜고 아는거 나왔다고 발광할 때 있잖아... 괜히 조금이라도 들어보면 익숙하고 막 알것같고, 나한테 물어봐줬으면 좋겠고 하는거!!! 그래! 글쓴이의 마음도 그래. 내가 독자에게 이러한 말을 전하고 싶은데, 공감대가 형성되면 아무래도 좀 더 쉽게 독자에게 다가갈 수 있지 않겠니? 이러한 방법은 일반적으로 가장 많이 쓰이는 방법이니 잘 알아두도록!!

내 주변에는 나처럼 생기고 나와 비슷하게 행동하는 수많은 사람들이 있다. 나는 그들과 경험을 공유하며 살아간다. 그렇다면 그들도 나와 같은 느낌을 가지고 있을까? 가령, 나는 손가락을 베이면 아프다는 것을 다른 무엇으로부터도 추리하지 않고 직접 느낀다. 하지만 다른 사람의 경우에는 "아야!"라는 말과 움츠리는 행동을 통해 그가 아픔을 느꼈으리라고 추측할 수밖에 없다. 이때 그가 느낀 아픔은 내가 느낀 아픔과 같은 것일까?

▷ 손이 베이면 아프다는 직접 느끼는 경험을 예시로 들어 설명하고 있음.

독자에게 질문을 던지는 방법

이 방법은 다루고자 하는 내용에 대하여 독자에게 질문을 던져 관심을 유도하는 방법이야. 너희들은 수업시간에 내가 질문을 던지면 개념을 안드로메다에 보내고 쌩까는 듯한 표정을 짓곤 하지만, 모든 독자가 다 그런 것은 아니란다. 아무래도 질문을 하게 되면, 그 질문에 대해 한번 더 생각해보고, 그 답을 듣고싶어 관심을 조금이라도 더 기울이지 않겠니? 비문학 지문에서 글쓴이가 독자에게 질문을 하는 경우 질문에 글의 중심 화제가 들어있는 경우가 많으니깐 눈여겨 봐둬야 할거야.

이누이트(에스키모)하면 연상되는 것 중의 하나가 이글루이다. 그들의 주거 시설에는 빙설을 이용한 집 외에도 목재나 가죽으로 만든 천막 등이 있다. 이글루라는 말은 이러한 주거 시설의 총칭이었으나, 눈으로 만든 집이 외지인의 시선을 끌어 그것만 일컫는 말이 되었다. 이글루는 눈을 벽돌 모양으로 잘라서 반구 모양으로 쌓은 것이다. 눈 벽돌로 만든 집이 어떻게 얼음집으로 될까? 이글루에서는 어떻게 난방을 할까?

▷ 이글루에 대해서 설명하고자 하는 이 글에서, 화자는 어떻게 얼음집으로 될까, 어떻게 난방을 할까 라는 질문을 통해 다루고자 하는 내용에 관심을 유도.

화제 또는 문제를 구체적으로 다루는 방법 ─────── (글의 핵심에 접근하는 방법)

화제에 대한 보충 설명을 하는 방법

우리 앞에서 화제에 대해 배웠지? 그래! 화제는 이야깃거리지! 설마 벌써 다시 화제가 뭐냐고 삐약거리는 놈들 있지는 않겠지... 이야깃거리를 화제라고 하는데... 얼마나 화제가 중요하면, 혹은 어려우면 보충 설명까지 하면서 이해하도록 돕겠니!! 더군다나 추상적이거나 생소한 내용의 화제의 경우 일상적 경험에 비유하거나 보충설명을 해야 더 쉽게 이해하겠지. 쉽게 말하면 앞에서 한 어려운 내용을 뒤에서 다시 한 번 이야기 하는거야. 그러면, 독자들이 화제에 대해 쉽게 이해하고 문제를 인식함으로써 본격적인 글의 주제로 관심을 끌 수 있을테니까.

어떤 사람이 자전거에 대해서 많은 정보를 갖고 있다고 해서 자전거를 탈 수 있게 되는 것은 아니며, 자전거를 탈 줄 알기 위해서 반드시 자전거에 대해서 많은 정보를 갖고 있어야 하는 것도 아니다. 아무 정보 없이 그저 넘어지거나 다치거나 하는 과정을 거쳐 자전거를 탈 줄 알게 될 수도 있다 '자전거가 왼쪽으로 기울면 핸들을 왼쪽으로 틀어라'와 같은 정보를 이용해서 자전거 타는 법을 배운 사람이라도 자전거를 익숙하게 타게 된 후에는 그러한 정보를 전혀 의식하지 않고서도 자전거를 잘 탈 수 있다. 자전거 타기 같은 절차적 지식을 갖기 위해서는 훈련을 통하여 몸과 마음을 특정한 방식으로 조직화해야 한다. 그러나 특정한 정보를 마음에 떠올릴 필요는 없다.

▷ 자전거에 대한 정보를 가지고 있지 않아도, 자전거를 잘 탈 수 있다는 내용을 뒷부분에서 다시 언급하며 보충설명.

화제에 관한 여러 가지 관점을 제시하는 방법

수업시간에 선생님이 어떤 한 가지 상황을 제시하고, 이에 따른 해결방안이나 자신의 생각을 논하라고 하면. 모두다 같은 생각을 하고, 같은 말을 할까? 그건 아니지! 모든 학생이 같은 생각을 하고, 같은 말을 하는 것은 아닐테니까.

예를 들면, 똑같은 공부를 하는데 있어서도 서로 표현하는 방법이 다를 수 있잖아. 전교1등은 말로는 어제 뭐 책펴놓고 자버렸네, 학원 안다니고 교과서에 충실했네~ 막 이러지만 뒤에서 보면 피터지게 공부하잖니. 그러나 전교 꼴등은... 정말 솔직한 아이지... 거짓말을 할 줄 모르는 순수한 아이... 우리는 슬프게도 그 말을 그대로 믿어줘야 맞는거지. 이렇듯 똑같은 상황이 주어지더라도 그 상황을 어떻게 파악하고 표현하느냐는 사람마다 다르단 말이야.

글도 마찬가지지. 같은 화제에 대해서도 바라보는 관점이나 견해가 다를 수 있겠지. 그런것들을 글 속에서 나타낸거야. 이런 방법에는 화제를 바라보는 여러 가지 관점들의 공통점과 차이점을 비교하여 화제에 관하여 이해시키는 방법, 여러 가지 관점들을 아우르거나 보충하는 새로운 관점을 제시함으로써 논지를 전개하는 방법이 있어. 또 글쓴이가 말하고자 하는 바에 반대되는 관점들을 나열하여 앞으로 말하고자 하는 바를 부각시키는 방법도 있지. 지금 이렇게 공부하면서 준비해두면 논술 할 때도 많은 도움이 될거야^^*

창조 도시의 주된 동력을 창조 산업으로 볼 것인가 창조 계층으로 볼 것인가에 대해서는 견해가 다소 엇갈리고 있다. 창조 산업을 중시하는 관점에서는, 창조 산업이 도시에 인적·사회적·문화적·경제적 다양성을 불어넣음으로써 도시의 재구조화를 가져오고 나아가 부가가치와 고용을 창출한다고 주장한다. 창의적 기술과 재능을 소득과 고용의 원천으로 삼는 창조 산업의 예로는 광고, 디자인, 출판, 공연 예술, 컴퓨터 게임 등이 있다.

창조 계층을 중시하는 관점에서는, 개인의 창의력으로 부가가치를 창출하는 창조 계층이 모여서 인재 네트워크인 창조 자본을 형성하고, 이를 통해 도시는 경제적 부를 축적할 수 있는 자생력을 갖게 된다고 본다. 따라서 창조 계층을 끌어들이고 유지하는 것이 도시의 경쟁력을 제고하는 관건이 된다. 창조 계층에는 과학자, 기술자, 예술가, 건축가, 프로그래머, 영화 제작자 등이 포함된다.

▷ 창조 산업을 중시하는 관점과 창조 계층을 중시하는 두가지 관점으로 나눠 보고 있음

기존에 있는 개념의 오류나 문제점을 지적하는 방법

일반적으로 알려진 문제의 해결책이나 용어의 정의가 잘못되었다고 지적하고 새로운 문제의 해결 방안이나 올바른 정의를 제시하는 방법이야. 이정도가 되려면, 아무래도 그 분야의 고수가 되어야 가능하겠지?

우리는 흔히 예술 작품을 감상한다는 말 대신에 예술 작품을 향유enjoyment한다고 하기도 하며, 예술 작품을 평가appreciation한다고 하기도 한다. 향유한다거나 평가한다는 것은 곧 예술 작품에서 쾌감을 얻거나 예술 작품의 가치를 따지는 것을 의미하는데, 이러한 의미 속에는 예술 작품은 감상의 주체인 감상자의 수용을 기다리는 존재이며, 고정된 채 가치를 측정당하는 대상이라는 인식이 내포되어 있다. 하지만 예술 작품은 그 가치가 확정되어 있거나 감상자의 수용을 기다리기만 하는 존재가 아니다.

▷ 예술 작품을 향유, 평가한다는 개념이 잘못됨을 지적.(예술작품이 감상자의 수용을 기다리는 존재라는 인식이 내포되어 있지만, 그런 존재가 아님.)

가설을 제시하고 이에 대한 검증을 통하여 글을 전개하는 방법

가설이란 어떤 사실에 대하여 설명하거나 이론 체계를 정립하기 위하여 임의로 설정한 가정이야. 너희들 과학시간에 가설설정하고 실험보고서 쓰고 막 그러잖아!! 늘 틀리는 가설 때문에 무한 반복하는 증명과정!! 겪어본 적 많지? 생각은 이렇게 했는데 결과는 빠잉이고 결국 실험보고서 조작하고 수행평가 점수 털리고... 그러나, 가설을 제시했으면 검증을 해야 독자들에게 신뢰도 얻을 수 있고 올바른 글을 전개해 나갈 수 있단다. 따라서, 설정한 가설을 구체적 자료나 증거를 통해 뒷받침함으로써, 글쓴이의 의견이 옳은 것임을 증명해 나가는 전개 방식이지.

이러한 판도를 바꾼 사람은 하비였다. 그는 생리학에 근대적인 정량적 방법을 도입했다. 그는 심장의 용적을 측정하여 심장이 밀어내는 피의 양을 추정했다. 그 결과, 심장에서 나가는 동맥피의 양은 섭취되는 음식물의 양보다 훨씬 많았다. 먹은 음식물보다 더 많은 양의 피가 만들어질 수 없으므로 하비는 피가 순환되어야 한다고 생각했다. 그는 이 가설을 검증하기 위해 실험을 했다. 하비는 끈으로 자신의 팔을 묶어 동맥과 정맥을 함께 압박하였다. 피의 흐름이 멈추자 피가 통하지 않는 손은 차가워졌다. 동맥을 차단했던 끈을 약간 늦추어 동맥피만 흐르게 해 주자 손은 이내 생기를 회복했고, 잠시 후 여전히 끈에 압박되어 있던 정맥의 말단 쪽 혈관이 부풀어 올랐다. 끈을 마저 풀어 주자 부풀어 올랐던 정맥은 이내 가라앉았다. 이로써 동맥으로 나갔던 피가 손을 돌아 정맥으로 돌아온다는 것이 확실해졌다.

▷ 하비가 설정한 가설(피의 순환)이 실험을 통해 증명됨.

글쓴이가 질문을 하고 그에 답하는 방법

한마디로 자문자답 형식이라고 말할 수 있지. 왜 그럴까? 글쓴이는 대답해 줄 친구가 없는 걸까...(이 새끼 왕따 아니야?) 아니면 말해봤자 우리가 대답을 못 할거라 생각해서 그런 현명한 방법을 사용한 것일까... 아니지! 글쓴이는 자신이 다루는 화제를 강조하고 자세히 다루기 위해서 그러는거야. 모르는거 나오면, 괜히 막 궁금해지고 그런거 있잖아!!

과학적 지식은 어떻게 생성될까? 이에 대한 설명은 과학 철학적 관점에 따라 달라질 수 있다. 그 중 하나가 경험적 검증 가능성에 의해 과학적 진술의 의미를 판가름하는 논리 실증주의적 관점이다. 연어의 회귀에 대한 연구 과정을 통해 과학적 지식의 생성 과정을 논리 실증주의적 관점에서 살펴보기로 하자.

▷ 과학적 지식의 생성에 대해 물음을 던지고 이에 대한 답은 과학 철학적 관점에 따라 달라질 수 있다고 함.

정의, 비교, 대조, 예시의 방법

정의 : '무엇은 무엇이다.'라고 설명하는 것으로, 어떤 대상의 본질이나 뜻을 밝히는 방법.

> **EX** 전통이란 한 집단이나 겨레의 역사 속에 하나로 이어져 내려오는 정신적인 맥락을 말한다.

비교 : 둘 이상의 대상을 견주어서 공통점이나 비슷한 점을 중심으로 설명하는 방법.

> **EX** 개와 고양이는 사람들과 친하며 애완 동물이라는 점에서 비슷하다.

대조 : 둘 이상의 대상을 견주어서 차이점을 중심으로 설명하는 방법.

EX 개는 주로 낮에 활동하는 데 반해, 고양이는 주로 밤에 활동한다.

예시 : 구체적인 예를 들어 설명하는 방법.

EX 사람보다 오래 사는 나무들이 있다. 은행나무, 밤나무, 느티나무 등은 수명이 천 년 정도이다.

어떤 현상이나 사실을 설명하고 그와 관련된 용어를 제시하고 그 의미를 설명하는 방법(정의), 다른 대상들과의 공통점(비교)이나 차이점(대조)을 제시하는 방법, 구체적인 예(예시)를 들어서 설명하는 방법으로 중심 내용을 이해시키는 방법이야.

화제에 관한 인식의 변화를 설명하는 방법

시간의 흐름에 따라 변화한 화제에 대한 사람들의 인식을 설명하는 방법이야. 미(美)의 기준을 예로 들면 옛날에는 일 잘하고 통통하고 얼굴이 둥그런 여자를 미인으로 봤다면 요즈음에는 계란형 얼굴에 쭉쭉빵빵 S라인의 여자를 미인으로 보는 것처럼, 시대에 따라 변화하는 사람들의 인식을 설명하는 방법이지. 이와는 반대로 같은 시대라 하더라도 공간의 차이에 따라 사람들의 인식이 다름을 설명하는 방법도 있어. 아프리카 어느 부족에서는 목이 긴 여자가, 중국 어느 부족에서는 발이 작은 여자가 미인으로 인정받는 것처럼 같은 시대라 하더라도 공간적 차이에 따라 사람들의 인식이 다름을 설명하는 거야. 근데... 너희들은 과거나 현재 어디에 속하기는 속하는거니?

19세기 후반에 망원경 관측을 바탕으로 한 화성의 지도가 많이 제작되었다. 특히 1877년 9월은 지구가 화성과 태양에 동시에 가까워지는 시기여서 화성의 표면이 그 어느 때보다도 밝게 보였다. 영국의 아마추어 천문학자 그린은 대기가 청명한 포르투갈의 마데이라 섬으로 가서 13인치 반사 망원경을 사용해서 화성을 보이는 대로 직접 스케치했다. 그린은 화성 관측 경험이 많았으므로 이전부터 이루어진 자신의 관측 결과를 참고하고, 다른 천문학자들의 관측 결과까지 반영하여 당시로서는 가장 정교한 화성 지도를 제작하였다.

그런데 이듬해 이탈리아의 천문학자인 스키아파렐리의 화성 지도가 나오면서 이 지도의 정확성이 도전받았다. 그린과 같은 시기에 수행한 관측을 토대로 제작한 스키아파렐리의 지도에는, 그린의 지도에서 흐릿하게 표현된 지역에 평행한 선들이 그물 모양으로 교차하는 지형이 나타나 있었기 때문이었다. 스키아파렐리는 이것을 '카날리 canali'라고 불렀는데, 이것은 '해협'이나 '운하'로 번역될 수 있는 용어였다.

절차적 측면에서 보면 그린이 스키아파렐리보다 우위를 점하고 있었다. 우선 스키아파렐리는 전문 천문학자였지만 화성 관측은 이때가 처음이었다. 게다가 그는 마데이라 섬보다 대기의 청명도가 떨어지는 자신의 천문대에서 관측을 했고, 배율이 상대적으로 낮은 8인치 반사 망원경을 사용했다. 또한 그는 짧은 시간에 특징만을 스케치하고 나중에 기억에 의존해 그것을 정교화했으며, 자신만의 관측을 토대로 지도를 제작했던 것이다.

그런데도 승리는 스키아파렐리에게 돌아갔다. 그가 천문학계에서 널리 알려진 존경받는 천문학자였던 것이 결정적이었다. 대다수의 천문학자들은 그들이 존경하는 천문학자가 눈에 보이지도 않는 지형을 지도에 그려 넣었으리라고는 생각하기 어려웠다. 게다가 스키아파렐리의 지도는 지리학의 채색법을 그대로 사용하여 그린의 지도보다 호소력이 강했다. 그 후 스키아파렐리가 몇 번 더 '운하'의 관측을 보고하자 다른 천문학자들도 '운하'의 존재를 보고하기 시작했고, 이후 더 많은 '운하'들이 화성 지도에 나타나게 되었다.

▷ 화성 지도에 대한 인식의 변화(그린의 지도 → 스키아파렐리의 지도)

논지를 뒷받침/강조하는 방법

사례를 통해 뒷받침하는 방법

글쓴이의 주장을 실제 있었던 일을 통해 증명하는 방법으로써 가장 널리 쓰이는 방법이야. 너희들 내가 학교 다니면서 올백 맞았다고 하면, 한 번에 믿겠어? 내가 너희들을 오랫동안 가르쳐온 경험상, 또 꼬리에 꼬리를 무는 의심!!꼭 얘들이 어렸을 때 놀이터에서 놀다 사기를 몇 번 당했는지... 사람을 안 믿는 경향이 있더라... 그렇다면, 내가 말로만이 아닌 성적표를 직접 보여주면! 바로 증명이 되겠지.(그런데도 꼭 이런데서 소심하게 의심하면서 삐약거리는 놈들 꼭 나온다!!) 글쓴이도 마찬가지야. 독자에게 익숙한 사례를 들수록 그 설득력은 더 커지게 되는 거지.

> 세계적인 마이크로 크레디트 단체인 방글라데시의 '그라민은행'은 융자를 희망하는 최저 빈곤층 여성들을 대상으로 공동 대출 프로그램을 운영하고 있다. 이 프로그램은 다섯 명이 자발적으로 짝을 지어 대출을 신청하도록 해, 먼저 두 명에게 창업 자금을 제공한 후 이들이 매주 단위로 이루어지는 분할 상환 약속을 지키면 그 다음 두 사람에게 돈을 빌려 주고, 이들이 모두 상환에 성공하면 마지막 사람에게 대출을 해 주는 방식으로 운영된다. 이들이 소액의 대출금을 모두 갚으면 다음에는 더 많은 금액을 대출해 준다. 이런 방법으로 '그라민은행'은 99%의 높은 상환율을 달성할 수 있었고, 장기 융자 대상자 중 42%가 빈곤선에서 벗어난 것으로 알려졌다.

▷ 마이크로 크레디트의 대표적 성공사례로 방글라데시의 그라민 은행을 들고 논지를 뒷받침.

특정 이론을 통해 뒷받침하는 방법

이미 확립된 이론 체계를 통해 논지를 뒷받침하는 경우는 매우 신뢰성이 강하기 때문에 독자들을 설득하기가 쉽지. 그 외에도 특정 이론은 아니더라도 그 분야의 전문가의 의견을 인용한다면 독자들이 신뢰할 수 있을거야. 너희들 내가 수능 끝나고 국어영역을 분석하는 것과, 너희 옆집 아줌마가 수능 국어영역을 분석하는 것 중에 어느 것을 더 신뢰할래? (옆집 아줌마가 뭐 입시분석실장이네 뭐네…… 이러면 죽는다)

당연히, 전문가인 선생님을 더 신뢰하겠지! 선생님은 여러 가지 분석적 자료와 이론을 동원해서 설명할테니까!! 독자도 마찬가지란다.

한 떨기 흰 장미가 우리 앞에 있다고 하자. 하나의 동일한 대상이지만 그것을 받아들이는 방식은 다양하다. 그것은 이윤을 창출하는 상품으로 보일 수도 있고, 식물학적 연구 대상으로 보일 수도 있다. 또한 어떤 경우에는 나치에 항거하다 죽어 간, 저항 조직 '백장미'의 젊은이들을 떠올리게 할 수도 있다. 그런데 이런 경우들과 달리 우리는 종종 그저 그 꽃잎의 모양과 순백의 색깔이 아름답다는 이유만으로 충분히 만족을 느끼기도 한다.

가끔씩 우리는 이렇게 평소와는 매우 다른 특별한 순간들을 맛본다. 평소에 중요하게 여겨지던 것들이 이때에는 철저히 관심 밖으로 밀려나고, 오직 대상의 내재적인 미적 형식만이 관심의 대상이 된다. 이러한 마음의 작동 방식을 가리키는 개념어가 '미적 무관심성'이다. 칸트가 이 개념의 대표적인 대변자인데, 그에 따르면 미적 무관심성이란 대상의 아름다움을 판정할 때 요구되는 순수하게 심미적인 심리 상태를 뜻한다. 즉 'X는 아름답다.'라고 판단할 때 우리의 관심은 오로지 X의 형식적 측면이 우리의 감수성에 쾌·불쾌를 주는지를 가리는 데 있으므로 '무관심적 관심'이다. 그리고 무언가를 실질적으로 얻거나 알고자 하는 모든 관심으로부터 자유로운 X의 존재 가치는 '목적 없는 합목적성'에 있다.

대상의 개념이나 용도 및 현존으로부터의 완전한 거리 두기를 통해 도달할 수 있는 순수 미적인 차원에 대한 이러한 이론적 정당화는, 쇼펜하우어에 이르러서는 예술미의 관조를 인간의 영적 구원의 한 가능성으로 평가하는 사상으로까지 발전하였다. 불교에 심취한 그는 칸트의 '미적 무관심성' 개념에서 더 나아가 '미적 무용성'을 주창했다. 그에 따르면 이 세계는 '맹목적 의지'가 지배하는 곳으로, 거기에 사는 우리는 욕구와 결핍의 부단한 교차 속에서 고통받지만, 예술미에 도취하는 그 순간만큼은 해방을 맛본다. 즉 '의지의 폭정'에서 벗어나 잠정적인 열반에 도달한다.

미적 무관심성은 예술의 고유한 가치를 옹호하는 데 큰 역할을 하는 개념이다. 그러나 우리는 그것이 극단적으로 추구될 경우에 가해질 수 있는 비판을 또한 존중하지 않을 수 없다. 왜냐하면 독립 선언이 곧 고립 선언은 아니기 때문이다. 예술의 고유한 가치는 진리나 선과 같은 가치 영역들과 유기적인 조화를 이룰 때 더욱 고양된다. 요컨대 예술은 다른 목적에 종속되는 한갓된 수단이 되어서도 안 되겠지만, 그것의 지적·실천적 역할이 완전히 도외시되어서도 안 된다.

▷ 칸트와 쇼펜하우어의 예술에 대한 이론 소개하면서, 예술의 고유한 가치에 대한 설명을 뒷받침.

다른 관점에서 논지를 강조하는 방법

중심 논지와 달리 생각함으로써 결과적으로 중심 논지를 강조하는 방법이야. 학교 교육의 중요성을 강조하기 위해 학교가 없는 상황을 가정하여 설명하는 식이지.(진짜 학교가 없으면 얼마나 좋을까? 이건 거의 현실에 존재하는 이데아 정도? 그러나 현실은 시궁창...) 학교가 없을 때의 안 좋은 점을 설명하여 결국 학교 교육은 중요하다는 점을 강조할 수 있겠지.

연민에 대한 정의는 시대와 문화, 지역에 따라 가지각색이지만, 다수의 학자들에 따르면 연민은 두 가지 조건이 충족될 때 생긴다. 먼저 타인의 고통이 그 자신의 잘못에서 비롯된 것이 아니라 우연히 닥친 비극이어야 한다. 다음으로 그 비극이 언제든 나를 엄습할 수도 있다고 생각해야 한다. 이런 조건에 비추어 볼 때 현대 사회에서 연민의 감정은 무뎌질 가능성이 높다. 현대인은 타인의 고통을 대부분 그 사람의 잘못된 행위에서 비롯된 필연적 결과로 보며, 자신은 그러한 불행을 예방할 수 있다고 생각하기 때문이다.

그러나 현대 사회에서도 연민은 생길 수 있으며 연민의 가치 또한 커질 수 있다. 그 이유를 세 가지로 제시할 수 있다. 첫째, 현대 사회는 과거보다 안전한 것처럼 보이지만 실은 도처에 위험이 도사리고 있다. 둘째, 행복과 불행이 과거보다 사람들의 관계에 더욱 의존하고 있다. 친밀성은 줄었지만 사회·경제적 관계가 훨씬 촘촘해졌기 때문이다. 셋째, 교통과 통신이 발달하면서 현대인은 이전에 몰랐던 사람들의 불행까지도 의식할 수 있게 되었다. 물론 간접 경험에서 연민을 갖기가 어렵다고 치더라도 고통을 대면하는 경우가 많아진 만큼 연민의 필요성이 커져 가고 있다. 이런 정황에서 볼 때 연민은 그 어느 때보다 절실히 요구되며 그만큼 가치도 높다.

▷ 현대사회에서 연민의 감정이 무뎌질 가능성이 크지만, 현대사회에서도 연민은 생길 수 있고, 가치 또한 커질 수 있음을 강조.

다른 의견을 반박함으로써 논지를 뒷받침하는 방법

여러 가지 다른 의견이 존재하는 주제를 다루는 경우 글쓴이의 의

견과 다른 의견들을 비판함으로써 글쓴이 자신의 의견을 뒷받침하는 **방법**이야. 너희들 시험 끝나면 그러지, 막 엄마가 옆집 전교1등 하는 애는 스스로 공부하고, 성적도 잘나온다고 하면서 비교할 때, 뭐라고 말하니? "아, 걔는 걔고!"이러고 끝내니? 그래. 익숙해지면 이렇게 끝내겠지만, 처음에는 열변을 토하지.^^^^^^^^^^^^^ 걔는 학원을 몇 개 다니고, IQ가 몇이고... 엄마의 의견을 반박하면서 내가 성적이 안나올 수 밖에 없는 이유를 합리화시키지. 그런 것과 같은 이치야. 그러나, 이 방법은 자신의 주장뿐만 아니라 다른 의견들에 대해서도 알아야하기 때문에 넓은 시야가 필요하고 잘못하면 글 속에서 이도 저도 아닌 주장(예시 상황의 경우 결국 자괴감에 이를수도 있음)을 하는 모순에 빠질 수도 있어. 하지만, 잘 사용하면 치밀한 구성(엄마의 잔소리를 막을 수 있음)이 가능해지고 탄탄한 논리로 독자 들을 설득할 수 있으니 신중하게 사용해야해.

> 남녀 간에 성차가 존재한다고 보는 이들은 그 원인을 환경적 요인이나 유전적 요인으로 설명한다. 유전적 설명에서는 남녀가 몇 가지 특성에서 차이를 보이는 것은 유전적인 요인 때문이라고 주장한다. 반면에 환경적 설명에서는 성차가 사회적·교육적 환경 때문에 생긴다고 주장하면서 유전적인 설명 자체에 강하게 반발한다.
>
> 그러나 적어도 평등의 문제와 관련해서는 성차에 대한 유전적 설명이 옳은가 환경적 설명이 옳은가를 따지는 것은 중요하지 않다. 그 대신 이런 설명들이 평등이라는 이상에 대하여 어떤 의미를 가지고 있느냐가 중요한 문제이다. 만약 유전적 설명이 그른 것으로 드러난다면 성차에 근거한 차별

은 부당하다고 볼 수 있다. 반면에 유전적 설명이 옳다고 하더라도 이것이 남녀 간의 차별을 옹호하고 평등의 원칙을 거부하는 근거라고 단정할 수는 없다. 물론 유전적 설명이 옳다고 가정한다고 해서 그것이 사실이라고 믿는 것은 아니다. 유전적 설명이 차별을 정당화한다는 이유로 그 시도 자체에 반대할 경우, 뜻밖에도 유전적 증거들이 확인된다면 아주 당황하게 될 것이다. 그래서 유전적 설명이 옳다고 가정해서 그 의미를 검토해 보는 것이다.

▷ 남녀가 차이를 보이는 것이 유전적인 요인 때문이라고 주장하는데 대한 반론을 제기하면서, 남녀 간 성차에 근거한 차별을 부당한 것이라 봄.

글을 마무리하는 방법

논의한 내용에 대한 해결책의 필요성을 제안하는 방법

항상 글쓴이가 문제에 대한 해결방안을 제시하는 것은 아니야. 모든 문제에 해결방안을 제시할 수 있다면, 세상에 문제들은 쉽게쉽게 해결되겠지! 그러나 현실은 그렇지 않잖아. 따라서, 이런 필요성을 제안하는 방법에는 여러 가지가 있는데 기존의 해결책에 문제가 있음을 지적하고 이에 대한 새로운 해결 방안을 생각해보자는 식으로 맺을 수도 있고 다른 해결책을 찾기 위한 다른 관점을 제시함으로써 글을 끝내는 경우도 있어. 신문의 논평을 보면 현상에 대한 분석을 하면서 본인이 해결책을 제시하기 보다는 현상에 관련된 당사자에게 새로운 방법을 촉구하는 것을 흔히 볼 수 있을 거야.

미래 사회에서는 에너지 자원의 효율적 사용과 환경 보존을 최우선시하여, 기존 공정을 개선하거나 환경 규제를 충족하기 위해서 다양한 촉매의 개발이 필요하게 될 것이다. 특히 기존 공정을 개선하기 위해서 반응 단계는 줄이면서도 효과적으로 원하는 물질을 생산하고, 낮은 온도에서 선택적으로 빠르게 반응을 진행시킬 수 있는 새로운 촉매가 필요하게 된다. <u>촉매 설계 방법은 환경 및 에너지 문제를 해결하는 마법의 돌을 만드는 체계적 접근법이다.</u>

▷ 미래 사회 환경 및 에너지 문제를 해결하기 위한 다양한 촉매의 설계 방법을 제안.

마지막으로 논지를 뒷받침하면서 끝내는 방법

앞에서 제시한 논지를 마지막에서 다시 덧붙이면서 글을 끝내는 방법이야. 그러면 글쓴이의 주장을 마지막까지 빈틈없이 유지하면서 끝을 맺을 수 있어. 독자의 입장에서는 끝난 줄 알았는데 새로운 근거의 추가로 더 강한 설득을 받겠지.

다음과 같은 예를 통해 아리스토텔레스의 견해를 생각해 보자. 갑돌이는 성품이 곧고 자신감이 충만하다. 그가 한 모임에 참석하였는데, 거기서 다수의 사람들이 옳지 않은 행동을 한다고 생각했을 때, 그는 다수의 행동에 대하여 비판의 목소리를 낼 것이며 그렇게 하는 데에 별 어려움을 느끼지 않을 것이다. 한편, 수줍어하고 우유부단한 병식이도 한 모임에 참석하였는데, 그 역시 다수의 행동이 잘못되었다는 판단을 했다고 하자. 이런 경우에 병식이는 일어나서 다수의 행동이 잘못되었다고 말할 수 있겠지만, 그렇게 하려면 엄청난 의지를 발휘해야 할 것이고 자신과 힘든 싸움도 해야 할 것이다. 그런데도 병식이가 그렇게 행동했다면 우리는 병식이가 용기 있게 행동하였다고 칭찬할 것이다. 그러나 아리스토텔레스가 보기에 성품의 탁월함을 가진 사람은 갑돌이다. 왜냐하면 그는 내적인 갈등이 없이 옳은 일을 하기 때문이다. 우리가 어떠한 사람을 존경할 것인가가 아니라, 우리 아이를 어떤 사람으로 키우고 싶은가라는 질문을 받는다면 우리는 아리스토텔레스의 견해에 가까워질 것이다. 왜냐하면 우리는 우리 아이들을 갑돌이와 같은 사람으로 키우고 싶어할 것이기 때문이다.

▷ 아리스토텔레스의 성품의 탁월함에 대한 견해를 마지막 단락에서 다시 언급하면서 강조.

추론

추론은 추리와 같은 말이야. 알고 있는 것을 바탕으로 알지 못하는 것을 생각해내는 건데 탐정들이 범인을 잡기위해 단서를 가지고 추리를 한다면 우리는 글 속에서 단서가 되는 문장인 논증을 가지고 우리가 알고자 하는 바를 논리적으로 짐작하는 추론을 하게 되지. 탐정이 추리를 통해 범인을 알아 내듯 우리도 추론을 통해서 글 속에 직접 나타나있지 않은 내용이나 글쓴이의 의도 등을 알아 낼 수 있어.

대표적으로 **연역추론**은 대전제로부터 결론을 이끌어내는 방식이야. 흔히 두괄식 구성이라고 하지.

> **EX** 사람들은 누구나 죽는다. (대전제)
> 나도 사람이다.   (소전제)
> 따라서 나도 죽는다.   (결론)

귀납추론은 연역추리와 반대로 구체적 사례를 통해 대전제 결론을 이끌어내는 방법이란다.

EX 세종대왕도 죽었다.

나폴레옹도 죽었다.

따라서 사람은 모두 죽는다. (결론)

오류

오류란 뭘까? 잘못된거지? 그러면, 논리적 오류란 뭐야? 뻔하지. 논리적으로 잘못된 거란다. 추론의 형식을 제대로 지키지 않거나 바르지 않은 명제나 논거를 사용하는데서 빚어진 논리적인 잘못을 뜻하는 거지. 내가 어떤 주장을 펼칠 때에는 당연히 거기에 적합한 근거를 대야하겠지. 그런데, 논리적 근거를 대지 못하면 병맛이겠지... 그저 자기 합리화에 지나지 않을테니까. 저새끼 뭐임... 다들 이런반응을 보이겠지. 따라서, 논증이나 설득의 글에서 오류가 있는 경우 글 자체의 타당성과 신뢰성에 큰 흠이 되니까 글을 쓸 때 세심한 주의를 기울여야해. 따라서 오류를 범하지 않기 위해서 올바른 명제나 논거를 사용하도록 신경 쓰고, 타당한 규칙에 따라 추론을 해나가야 해.

성급한 일반화의 오류

제한된 정보, 부적절한 증거, 대표성을 결여한 사례를 근거로 전체가 그런 것처럼 일반화하는 오류야.

EX 내가 아는 김씨들은 다 잘생겼으니 세상의 모든 김씨는 다 잘생겼을거야^^

무지에의 호소의 오류

어떤 주장에 대해 증명할 수 없거나 반증을 들 수 없으므로 참, 또는 거짓이라고 일방적인 결론을 내리는 오류야.

EX 너 외계인 봤어? 못봤지? 그러니깐 세상에 외계인은 없어!

논점 이탈의 오류

원래의 논점과 다른 방향으로 논지를 이끌어 감으로써 무관한 결론에 이르게 되는 오류를 말해.

EX 두발자유화를 실시해야합니다. 개인의 개성이 중요시되는 사회이기 때문입니다. 따라서 우리는 교복을 입는 것에 반대합니다.

개인의 개성이 중시되기 때문에 두발자유화를 실시해야한다고 끝맺음을 해야하는데 교복을 입는 것에 반대한다니... 퍽이나 적절하겠다! 얘는 이렇게 말했다가는 학교와 영원히 빠잉이 될지도!!.

흑백 논리의 오류

어떤 집합의 구성이 단 두 개라고 여기고 이것이 아니면 다른 하나라고 단정 짓는 오류를 이야기해. 한마디로 모 아니면 도!

EX 내 말에 동의하지 않는다고? 그럼 넌 빵꾸똥꾸야!

흔히 흑백논리라고도 하지. 이거 아니면 저거! 이런놈들이랑은 번

호 스팸에 저장하고, 연락오면 바쁘다고 빠잉해라~

군중에의 호소의 오류 (다수에 호소하는 오류)

군중 심리를 자극하여 논지를 받아들이게 하는 오류로 많은 사람들이 있을 때 그와 같이 생각하거나 행동하도록 부추기는 것을 말해.

EX 범죄도시는 참 좋은 영화야. 왜냐하면 1000만명이 보았으니까.

좋은 영화인 논리적 이유를(내용, 음향, 연기력) 대지 않고, 많은 사람이 봤다는 이유로 주장했기 때문이지.

정황에의 호소의 오류

어떤 사람의 입장, 신분, 처지 등의 정황을 내세움으로써 비난 혹은 옹호하거나 자기 주장의 정당성을 입증하려는 오류야.

EX 그 사람 조상이 친일파였으니깐 그 사람 말은 더 들을 것도 없어.

그 사람 조상이 친일파였다고 해서, 그 사람도 친일파일까? 아니지!

순환 논증의 오류

결론이 전제를 되풀이 함으로써 논증을 통해 결론이 타당함을 입증할 수 없는 오류를 말한단다.

EX 훌륭한 덕을 갖춘 사람은 고급 승용차를 타고 다닌다. 그러므로 고급 승용차를 타고 다니는 사람은 훌륭한 덕을 갖춘 사람이다.

논리적 전제

논리적 전제란 논리적으로 추론을 해가는 과정에서 결론이 성립하기 위해서 이미 타당한 것으로 인정되어 있어야 하는 사실이야. 따라서, 전제라는 말 속에는 당연히 주장이라는 말이 깔려 있겠지! 단순하게 생각해보면 니가 오늘 공부를 하는 것(주장)은 내일 시험(전제)이 있기 때문이야. 시험이라는 전제하에 공부를 하고 있다는 말이지. 공부를 열심히 한다는 결론은 내일 시험이 있다는 논리적 전제가 있어야 나올 수 있는 거란 말이란다. 너희들 생각해봐. 시험 때문에 공부하지, 공부가 즐겁고, 재밌어서 하는 애들은 몇이나 되겠니!

TIP 논리적 전제 문제가 나오면, 100% 선택지 뒤에 [~ 때문에]를 붙여봐라. 그래서 주장이 성립되면, 그것은 답이 된단다! (완전 신기하지!)

통시적, 공시적

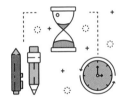

   통시적이란 시간(역사)의 흐름에 따라 파악하는 것이고, **공시적**이란 대상을 같은 시간대에 존재하는 양상으로 파악하는 것을 의미해. 예를 들어볼게.

   국어 어휘를 연구할 때, 요즘 우리 시대에 사용되고 있는 지역적인 차이(한 어휘에 대해 서울말과 충청도 말과 전라도 말과 경상도 말의 차이)를 연구한다면, 이것은 시대의 흐름이 전혀 고려된 것이 아니지! (⇒ 공시적 관점)

   이에 비해 신라 시대의 어휘, 고려 시대의 어휘, 조선 시대의 어휘, 현대 사회의 어휘를 비교했다면 이것은 시간적인 흐름을 고려한 것이지. (⇒ 통시적 관점)

유추

　유추는 유비, 유비 추리라고도 하는데 같거나 비슷한 것으로부터 다른 것을 추측하는 것을 뜻해. 쉽게 말하면, A를 이야기하기 위해서, B를 이야기 하는거지. 예를 들면, 인생을 이야기하기 위해서, 마라톤 이야기를 빗댈 때.

변증법

　변증법이란 정과 이에 반대되는 반의 대립과 통합을 통해 사물의 법칙을 이끌어 내어 설명하려는 논리를 말해. 이규보의『슬견설』에서 '손'과 '나'가 논쟁하는 부분을 변증법적 논리가 사용되었다라고 이야기 할 수 있어. 이 작품은 편견에 사로잡혀 사물의 본질을 제대로 파악하지 못하는 손의 태도를 비판하면서 사물의 본질을 제대로 파악해야 함을 깨우치고 있어. 이러한 교훈을 이끌어 내기 위해 작가는 정-반-합의 변증법적 논리 전개 과정을 사용하고 있는거야.

자의성

　언어에 있어서 자의성이란 소리와 의미의 관계가 사회적 약속에 의하여 임의적으로 이루어지는 특성을 이야기한단다. 다시 말해 김치라는 사물이 있을 때 그것을 무조건 김치라고 부를 필요는 없다는 거야. 다만 한국에서는 그것을 김치라고 부를 뿐인 것이지. 고양이를 미국에선 캣, 일본에선 네코, 중국에선 미오라고 부르지만 한국에서는 고양이라고 부르는 것과 같은 현상을 언어의 자의성이라고 하지!^^*

유기적

유기적이란 전체를 구성하는 각 부분의 사이가 긴밀하여, 부분과 전체를 떼어낼 수 없는, 또는 그런 관계를 말한단다.

좋은 글(지문)은 문단과 문단의 관계나 문장과 문장의 관계가 당연히 유기적이겠지?

내연 / 외연

　　내연(표면적 의미)이란 어떤 특정한 문맥 속에서 독자가 기존의 외연적 의미 이외에 파악하거나 감지하도록 되어있는 감각적·정서적 의미들을 말해. 그리고 **외연**(함축적 의미)이란 사전에 정의된 객관적이고 일반적인 의미란다. 표면적인 의미, 사전적 의미라고 보면 돼.

요지

　요지란 말이나 글에서의 중요한 내용이나 뜻. 혹은 지은이의 의도를 짧게 간추린 대강의 내용을 의미해. 한마디로 주제라고 생각하면 돼.

부록

고사성어(주제별)

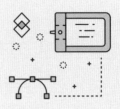

효도 孝道

사친이효 事親以孝

어버이를 섬김에 효도로써 함. 세속오계의 하나

부자유친 父子有親

아버지와 아들의 도道는 친애에 있음. 오륜五倫의 하나

부위자강 父爲子綱

아버지와 자식 사이에 지킬 떳떳한 도리. 삼강의 하나.

혼정신성 昏定晨省

조석으로 부모의 안부를 물어 살핌

반포지효 反哺之孝

자식이 자라서 어버이의 은혜에 보답하는 효성

반포보은 反哺報恩

자식이 부모가 길러 준 은혜를 갚음

풍수지탄 風樹之嘆

효도하고자 할 때에 이미 부모는 돌아가셔서, 효행을 다하지 못하는 슬픔

망운지정望雲之情

　객지에서 부모를 생각하는 마음

백운고비白雲孤飛

　멀리 떠나는 자식이 어버이를 그리워 함

반의지희斑衣之戲

　부모를 위로하려고 색동 저고리를 입고 기어가 보임

─────────────── **교우**交友 ───────────────

지음知音

　백아伯牙와 종자기鍾子期 사이의 고사로부터 종자기가 백아의 거문고 소리를 알아 듣는다는 뜻에서 유래. 소리를 듣고 나를 인정해 주는 친구

　보충 伯牙絶鉉(백아절현)은 '친한 친구의 죽음을 슬퍼한다.'는 뜻.

수어지교水魚之交

　고기와 물과의 관계처럼 떨어질 수 없는 특별한 친분

막역지우莫逆之友

　서로 거역하지 아니하는 친구

금란지계金蘭之契

　금이나 난초와 같이 귀하고 향기로움을 풍기는 친구의 사이의 맺음(사귐)

관포지교管鮑之交

　관중과 포숙의 사귐과 같은 친구 사이의 허물없는 교제

죽마고우竹馬故友

　어릴 때, 대나무말을 타고 놀며 같이 자란 친구

문경지교刎頸之交

　대신 목을 내주어도 좋을 정도로 친한 친구의 사귐

지란지교芝蘭之交

　영지와 난초의 향기로운 향기 같은 벗 사이의 교제

교우이신交友以信

친구를 믿음으로써 사귐. 世俗五戒의 하나

붕우유신朋友有信

친구사이의 도리는 신의에 있음. 五倫의 하나

학문學問

온고지신溫故知新

옛 것을 익혀서 그것으로 미루어 새 것을 깨달음.

형설지공螢雪之功

고생을 하면서도 꾸준히 학문을 닦은 보람.

일취월장日就月將

학문이 날로 달로 나아감. ☞ 刮目相對 (괄목상대)

독서삼도讀書三到

독서하는 데는 눈으로 보고, 입으로 읽고, 마음으로 깨우쳐야 함.
☞ 手不釋卷, 讀書三昧, 讀書尚友 (수불석권, 독서삼매, 독서상우)

망양지탄亡羊之歎

갈림길이 많아 양을 잃고 탄식한다는 뜻으로, 학문의 길도 여러 갈래여
서 진리를 찾기 어렵다는 말. ☞ 多岐亡羊 (다기망양)

불치하문不恥下問

자기보다 아래 사람에게 배우는 것을 부끄럽게 여기지 않음.

청출어람青出於藍

제자나 후배가 스승이나 선배보다 낫다는 말.

후생가외後生可畏

후배들이 선배들보다 훌륭하게 될 수 있는 가능성이 있기 때문에 두려
운 존재가 될 수 있다는 말.

맹모삼천孟母三遷

'孟母三遷之敎맹모삼천지교'의 준말. 맹자의 어머니가 맹자를 가르치

기 위하여 세 번 이사했다는 고사에서 유래. 처음에 공동묘지 가까이 살다가, 맹자가 장사지내는 흉내를 내서, 시전 가까이 옮겼더니 이번에는 물건파는 흉내를 내므로 다시 글방 있는 곳으로 옮겨 공부시켰다 함.

곡학아세曲學阿世

올바른 학문을 굽혀, 속된 세상에 아부함

환골탈태換骨奪胎

뼈를 바꾸고 태를 빼앗았다는 뜻으로, 옛사람이나 타인의 글에서 그 뜻을 취하거나 모방하여 자기의 작품인 것처럼 꾸미는 일

부부夫婦

금슬지락琴瑟之樂

거문고와 비파. 금슬 좋은 부부간의 애정.
거문고와 비파가 서로 어울려 아름다운 합주를 만들어 내듯이 아내와 남편이 서로 양보하며 서로를 존중하면, 가정이 화목하고 만사가 잘 이루어진다. 가화만사성家和萬事成

부창부수夫唱婦隨

부부의 화합을 뜻하는 말로 예로부터 남편이 부르면 부인이 따른다는 말.

백년가약百年佳約

남녀가 부부가 되어 평생을 함께 하겠다는 아름다운 언약言約이란 뜻.

세태世態

상전벽해桑田碧海

뽕나무밭이 푸른 바다가 됨

천선지전天旋地轉

세상일이 크게 변함

오월동주 吳越同舟

서로 원수의 사이인 오나라 사람과 월나라 사람이 같은 배를 탐

참고 吳越同舟는 ① 원수는 외나무 다리에서 만난다. ② 세상 일이 크게 변한다. ③ 아무리 원수지간이라도 위급한 상황에서는 서로 돕지 않을 수 없다의 세 가지 의미를 동시에 지닌다.

상쟁 相爭 (서로 다툼)

어부지리 漁父之利

조개와 도요새가 서로 버티는 통에 어부가 둘을 다 잡아 이득을 봄

견토지쟁 犬兎之爭

개와 토끼가 싸우다 지쳐서 둘다 쓰러져 숨져 있는 것을 지나가던 농부가 주워서 이득을 봄

방휼지쟁 蚌鷸之爭

도요새가 방합(조개)를 먹으려고 껍질안에 주둥이를 넣는 순간, 방합이 입(껍질)을 닫는 바람에 도리어 물려서 서로 다툰다는 뜻. 서로 적대하고 양보하지 않음을 이른다. 도요새와 조개가 서로 다투다가 어부가 힘들이지 않고 이들을 주워서 이득을 봄.

어떤 일에 일관성이 없음

고려공사삼일 高麗公事三日

고려의 정책이나 법령은 기껏해야 사흘밖에 가지 못함

조변석개 朝變夕改

아침 저녁으로 뜯어 고침

조령모개 朝令暮改

아침에 영(명령)을 내리고 저녁에 다시 고침

불가능한 일을 굳이 하려함

연목구어緣木求魚

나무에 올라가서 물고기를 구함

육지행선陸地行船

뭍으로 배를 저으려 함

이란투석以卵投石

달걀로 바위 치기

무척 위태로운 일의 형세

풍전등화風前燈火

바람 앞에 놓인 등불, 사물이 매우 위태로운 처지에 놓여 있음을 비유하는 말.

초미지급焦眉之急

눈썹이 타면 끄지 않을 수 없다는 뜻으로, 매우 다급한 일을 일컬음.

위기일발危機一髮

위급함이 매우 절박한 순간.(거의 여유가 없는 위급한 순간)

누란지세累卵之勢

새알을 쌓아놓은 듯한 위태로운 형세.

백척간두百尺竿頭

백척 높이의 장대 위에 올라섰다는 뜻. 몹시 위태롭고 어려운 지경에 빠짐.

여리박빙如履薄氷

얇은 얼음을 밟는 것 같다는 뜻으로, 몹시 위험하여 조심함을 이르는 말.

사면초가四面楚歌

사방에서 적군 초나라 노랫소리가 들려옴. 사면이 모두 적에게 포위되어 고립된 상태.

일촉즉발一觸卽發

조금만 닿아도 곧 폭발할 것 같은 모양. 막 일이 일어날 듯하여 위험한 지경.

───────── **이러지도 저러지도 못하는 상황** ─────────

진퇴양란進退兩難

앞으로 나아가기도 어렵고 뒤로 물러나기도 어려움

진퇴유곡進退維谷

앞으로 나아가도 뒤로 물러나도 골짜기만 있음. 어쩔 수 없는 궁지에 빠진 상태

계륵鷄肋

'닭갈비'라는 뜻으로 먹자니 먹을 것이 없고, 버리자니 아까움

───────────── **아주 무식함** ─────────────

목불식정目不識丁

'낫 놓고 기역자도 모름'

어로불변魚魯不辨

'魚'자와 '魯'자를 분별하지 못함

일자무식一字無識

글자 한자도 알지 못함

───────── **화합할 수 없는 원수지간** ─────────

빙탄지간氷炭之間

얼음과 숯불의 사이 (관계)

불구대천지수不俱戴天之讐

하늘을 함께 이고 살아갈 수 없는 원수

평범한 사람들

갑남을녀甲男乙女
　갑이라는 남자와 을이라는 여자

장삼이사張三李四
　장씨 세 사람과 이씨 네 사람 (당시 흔했던 성씨임)

필부필부匹夫匹婦
　한 쌍의 지아비와 한 쌍의 지어미

초동급부樵童汲婦
　나무하는 아이와 물 긷는 아낙네

선남선녀善男善女
　착하고 어진 사람들. 불교에 귀의한 사람들.

대세의 흐름에 적응하지 못하고 융통성이 없어 무척 고지식함

각주구검刻舟求劍
　배에 금을 긋고 칼을 찾음

수주대토守株待兔
　구습을 고수하여 변통할 줄 모름. 진보가 없음을 비유

자연을 몹시 사랑함

천석고황泉石膏肓
　산수를 사랑하는 것이 정도에 지나쳐 마치 불치의 고질과 같음

연하고질煙霞痼疾
　깊이 산수의 경치를 사랑하고 집착하여 여행을 즐기는 고질같은 성격

────── 아무리 실패하여도 그에 굴하지 아니함 ──────

백절불굴百折不屈
　여러 번 꺾어져도 굽히지 않음

칠전팔기七顚八起
　일곱 번 넘어지면 여덟 번째는 꼭 일어남

────── 누군가를 그리워하여 잊지 못함 ──────

오매불망寤寐不忘
　자나 깨나 잊지 못함

전전반측輾轉反側
　누워서 이리 뒤척 저리 뒤척 잠을 이루지 못함

전전불매輾轉不寐
　누워서 이리저리 뒤척이며 잠을 이루지 못함

– 말이나 글씨로는 전하지 못할 것을 마음에서 마음으로 전함 –

이심전심以心傳心
　마음에서 마음으로 전함

심심상인心心相印
　마음과 마음에 서로를 새김

불립문자不立文字
　문자나 말로써 도를 전하지 아니함

교외별전敎外別傳
　석가 일대의 설교 외에 석가가 마음으로써 따로 심원한(깊은) 뜻을 전함

염화미소拈華微笑
　이심전심의 경지를 이름

겉 다르고 속 다름

면종복배面從腹背
　면전에서는 따르나 뱃속으로는 배반함

권상요목勸上搖木
　나무 위에 오르라고 권하고는 오르자마자 아래서 흔들어 댐

양두구육羊頭狗肉
　겉으로는 그럴 듯하게 내세우나 속은 음흉한 딴 생각이 있음

경이원지敬而遠之
　겉으로는 존경하는 체하면서 속으로는 멀리함

구밀복검口蜜腹劍
　입 속으로는 꿀을 담고 뱃속으로는 칼을 지녔다는 뜻으로 입으로는 친
　절하나 속으로는 해칠 생각을 품었음을 비유하여 일컫는 말

표리부동表裏不同
　겉과 속이 다름.

학문에 전념함

자강불식自强不息
　스스로 힘써 행하여 쉬지 않음

수불석권手不釋卷
　손에서 책을 놓을 사이 없이 열심히 공부함

형창설안螢窓雪案
　반딧불이 비치는 창과 눈雪이 비치는 책상이라는 뜻으로, 어려운 가운
　데서도 학문에 힘씀을 비유한 말.
　參考 螢雪之功(형설지공)의 주인공은 '차윤'과 '손강'이다.

절차탁마切磋琢磨
　옥돌을 쪼고 갈아서 빛을 냄. 곧 학문이나 인격을 수련, 연마함

주마가편走馬加鞭

　달리는 말에 채찍을 더한다. 자신의 위치에 만족하지 않고 계속 노력함.

─────── **한바탕의 헛된 꿈(인생무상)** ───────

남가일몽南柯一夢

　꿈과 같이 헛된 한 때의 꿈

일장춘몽一場春夢

　한바탕의 봄꿈처럼 헛된 영화富貴榮華

한단지몽邯鄲之夢

　세상의 부귀영화가 허황됨을 이르는 말.

일취지몽一炊之夢

　잠깐 불을 때는 사이에(짧은 사이에) 꾼 꿈

노생지몽盧生之夢

　노생의 꿈

─────── **필요할 때는 취하고 필요 없을 때는 미련없이 버림** ───────

감탄고토甘呑苦吐

　달면 삼키고 쓰면 내뱉음

토사구팽兎死狗烹

　교활한 토끼가 죽으면 충실한 사냥개는 주인에게 잡혀 먹힘

─────── **아주 빼어난 인물의 여자** ───────

경국지색傾國之色

　임금이 혹하여 국정을 게을리함으로써 나라를 위기에 빠뜨리게 할 미인
이라는 뜻.

경성지미傾城之美

한 성城을 기울어뜨릴 만한 미색美色.

화용월태花容月態

꽃같은 용모에 달같은 몸매.

단순호치丹脣皓齒

붉은 입술에 흰 이를 가진 여자.

설부화용雪膚花容

눈같이 하얀 피부와 꽃처럼 예쁜 얼굴

──────── **서로 비슷하여 우열을 가리기 어려움** ────────

난형난제難兄難弟

누구를 형이라 하고 아우라 해야 할지 분간하기 어려움.

막상막하莫上莫下

낫고 못하고를 가리기 어려울 만큼 서로 차이가 거의 없음.

백중지세伯仲之勢

서로 어금지금하여 우열을 가리기 어려운 형세. 백중세

──────── **한 나라의 정사를 떠받들 만한 재목**(인재) ────────

고굉지신股肱之臣

팔, 다리가 될 만한 신하.

사직지신社稷之臣

사직(왕조)을 지탱할 만한 신하.

동량지재棟梁之材

대들보(동량)가 될 만한 재목.

주석지신柱石之臣

주춧돌(주석)이 될 만한 신하.

──────── 매우 가까운 거리나 근소한 차이 ────────

지척지지咫尺之地
　　매우 가까운 곳.

지척지간咫尺之間
　　매우 가까운 거리.

지호지간指呼之間
　　손짓하여 부를만한 가까운 거리.

오십보백보五十步百步
　　피차의 사이는 있으나 본질적으로는 같다. (〈孟子〉에 나온 말임)

──────── 견문이 좁아 세상 형편을 모르는 사람 ────────

정저지와井底之蛙
　　우물 안의 개구리

좌정관천坐井觀天
　　우물에 앉아서 하늘을 본다 함이니, 견문이 좁음을 뜻함.

관견管見
　　붓 대롱 속으로 세상을 보는 것처럼 소견머리가 없음.

통관규천通管窺天
　　붓 대롱을 통해서 하늘을 엿본다.

──────── 일이 다 틀린 후에 뒤늦게 손을 씀 ────────

사후약방문死後藥方文
　　죽은 뒤에야 약방문藥方文(현대의 처방전)을 줌.

망양보뢰亡羊補牢
　　양羊을 잃은 후에 우리를 고침.

갈이천정渴而穿井

목이 마르니까 비로소 우물을 판다.

학문에서 진리를 찾기 어려움

망양지탄亡羊之歎

달아난 양을 쫓는데 갈림길이 많아서 잃어버리고 탄식한다는 뜻으로, 학문의 길이 다방면이어서 진리를 깨닫기가 어려움을 한탄함을 비유한 말.

다기망양多岐亡羊

여러 갈래의 길에서 양을 잃음.

앞날의 길흉화복은 예측하기 힘들다

새옹지마塞翁之馬

변방에 사는 늙은이가 기르던 말이 달아났다가 준마와 함께 돌아왔는데, 그 노인의 외아들이 그 준마를 타다가 떨어져 절름발이가 되었다. 때마침 난리가 일어나 성한 젊은이들은 모두 전쟁에 끌려나가 죽었으나 그 노인의 아들은 절름발이여서 목숨을 보전하였다는 데서 나온 말

전화위복轉禍爲福

화(재앙)가 바뀌어 복이 됨

어떤 일의 시작이나 발단

효시嚆矢

'우는 화살'이란 뜻으로 옛날에 전쟁을 할 경우에 가장 소리가 잘나는 화살을 쏘아서 개전開戰을 알렸다는 데서 유래한 말. 예 우리나라 근대극의 효시.

남상濫觴

'술잔에서 넘친다'는 뜻으로 아무리 큰 물줄기라 하더라도 그 근원을 따

지고 보면 자그마한 술잔에서 넘치는 물로부터 시작된다는 뜻.

파천황破天荒

이전에 아무도 하지 못한 일을 처음으로 함.

―――――――――――――― **몹시 가난함** ――――――――――――――

삼순구식三旬九食

서른 날에 아홉 끼니밖에 못 먹음.

남부여대男負女戴

남자는 지고 여자는 이고 감. 곧 가난한 사람들이 떠돌아다니며 사는 것

동가식서가숙東家食西家宿

떠돌아다니며 이 집 저 집에서 얻어먹고 지냄, 또는 그런 사람.

―――――――――――――― **가혹한 정치** ――――――――――――――

가렴주구苛斂誅求

세금을 너무 가혹하게 거두어 들임.

도탄지고塗炭之苦

진구렁에 빠지고 숯불에 타는 고생.

가정맹어호苛政猛於虎

가혹한 정치는 호랑이보다도 무섭다.

―――――――――――― **대大를 위해 소小를 희생함** ――――――――――――

선공후사先公後私

공적인 것을 앞세우고 사적인 것은 뒤로 함.

대의멸친大義滅親

대의를 위해서 사사로움을 버림.

견위치명 見危致命

나라의 위태로움을 보고 목숨을 버림.

멸사봉공 滅私奉公

사를 버리고 공을 위해 희생함.

향수 鄕愁

수구초심 首邱初心

여우가 죽을 때에 머리를 저 살던 굴 쪽으로 향한다는 뜻, 고향을 그리워하는 마음

간운보월 看雲步月

낮에는 구름을 바라보고 밤에는 달빛 아래 거닌다는 뜻, 고향을 그리워하는 마음.

환경의 중요성

귤화위지 橘化爲枳

회남의 귤을 회북으로 옮기어 심으면 귤이 탱자가 된다는 말. 환경에 따라 사물의 성질이 달라진다는 말.

근묵자흑 近墨者黑

먹을 가까이 하면 검게 된다. 좋지 못한 사람과 가까이 하면 악에 물들게 됨.

남귤북지 南橘北枳

남쪽에서 자라던 맛있는 귤을 북쪽에 옮겨놓았더니 탱자가 되어 버림.

마중지봉 麻中之蓬

삼밭에 자라는 쑥대. 좋은 환경에서 살다보면 올바른 품성을 지니게 됨.

맹모삼천 孟母三遷

맹모삼천지교 孟母三遷之敎의 준말.

삼천지교三遷之敎

맹자의 교육을 위하여 그 어머니가 세 번이나 집을 옮긴 일. 교육에는 환경이 중요함.

입장이 서로 뒤바뀜

본말전도本末顚倒

일의 원줄기를 잊고 사소한 일에 사로잡힘.

주객전도主客顚倒

입장이 서로 뒤바뀜.

이제까지 없었던 일.(사건)

전대미문前代未聞

이제까지 들어 본 적이 없는 일.

전인미답前人未踏

이제까지 아무도 발을 들여놓거나 도달한 사람이 없음.

전무후무前無後無

전에도 없었고 앞으로도 없음.

미증유未曾有

지금까지 한 번도 있어본 일이 없음.

서로 모순됨

모순矛盾

창과 방패. 일의 앞뒤가 서로 안맞는 상태. 서로 대립하여 양립하지 못함.

자가당착自家撞着

같은 사람의 말이나 행동이 앞뒤가 맞지 아니함. 자기 모순.

이율배반二律背反
　꼭 같은 근거를 가지고 정당하다고 주장되는 서로 모순되는 두 명제. 관계.

────────── 시절이 무척 태평함 ──────────

태평성대太平聖代
　태평스런 시절

강구연월康衢煙月
　강구康衢의 거리 풍경 (康衢는 지명임)

고복격양鼓腹擊壤
　배를 두드리며 흙덩이를 침. 곧 의식衣食이 풍족한 상황

격양노인擊壤老人
　태평한 생활을 즐거워하여 노인이 땅을 치며 노래함

────────── 실속이 없음 ──────────

허장성세虛張聲勢
　실속이 없으면서 허세만 떠벌림.

허례허식虛禮虛飾
　예절, 법식 등을 겉으로만 번드레하게 하는 일.

────── 후배나 제자가 선배나 스승보다 더 뛰어남 ──────

청출어람靑出於藍
　제자가 스승보다 나은 것을 말함.

후생가외後生可畏
　'후배를 선배보다 더 두려워 하라'는 뜻으로 공자孔子가 쓴 말.

학수고대鶴首苦待
  학의 목처럼 길게 늘여 고대함.

일일여삼추一日如三秋
  하루가 삼 년 같다.

───────── **발전** ─────────

일취월장日就月將
  날로 달로 나아감. 곧 학문이 계속 발전해 감.

괄목상대刮目相對
  옛날 중국의 오吳나라의 노숙과 여몽 사이의 고사에서 나온 말로, 눈을
  비비고 다시 보며 상대를 대한다는 뜻으로, 얼마동안 못 보는 사이에 상
  대가 깜짝 놀랄 정도의 발전

───────── **독서** ─────────

위편삼절韋編三絶
  옛날에 공자가 주역을 즐겨 열심히 읽은 나머지 책을 맨 가죽 끈이 세 번
  이나 끊어졌다는 데서 유래한 말로 책을 정독精讀함을 일컬음.

남아수독오거서男兒須讀五車書
  당唐의 두보杜甫가 한 말로 남자라면 다섯 수레 정도의 책은 읽어야 한다
  는 뜻으로 책을 다독多讀할 것을 일컬음.

주경야독晝耕夜讀
  낮에는 밭을 갈고 밤에는 책을 읽음.

삼여지공三餘之功
  독서하기에 가장 좋은 '겨울, 밤, 음우陰雨'를 일컬음.

한우충동汗牛充棟

'짐으로 실으면 소가 땀을 흘리고, 쌓으면 들보에 가득 찬다'는 뜻으로 썩 많은 장서藏書를 이르는 말.

박이부정博而不精

여러 방면으로 널리 알지만 정밀하지는 못함. 즉, '숲은 보되 나무는 보지 못함'

박이정博而精

여러 방면으로 널리 알 뿐만 아니라 깊게도 앎. 즉 '나무도 보고 숲도 봄'

───────────── 나이와 관련된 한자어 ─────────────

15세 - '지학志學'

30세 - '이립而立'

40세 - '불혹不惑'

50세 - '지천명知天命' 혹은 '지명知命'

60세 - '이순耳順'

70세 - '종심從心'

───────────── 전쟁에서 유래한 성어 ─────────────

배수지진背水之陣

"적과 싸울 때 강이나 바다를 등지고 친 진"이란 말로, 한신이 초나라의 군대와 싸울 때 사용한 진법에서 유래하여 목숨을 걸고 어떤 일에 대처하는 경우를 비유한 말이다.

건곤일척乾坤一擲

운명과 흥망을 걸고 단판걸이로 승부나 승패를 겨룸.

권토중래捲土重來

한 번 실패하였다가 세력을 회복하여 다시 쳐들어옴.

와신상담臥薪嘗膽

원수를 갚으려고 괴롭고 어려운 일을 일부러 겪으면서 참고 견딤. 옛날 오나라 왕 부차가 섶 위에서 잠을 자면서 월나라 왕 구천에게 패한 설움을 설욕하였고, 구천 역시 쓴 쓸개의 맛을 보면서 부차에게 다시 복수를 하였다는 데서 유래한 성어.

--- **소문** ---

유언비어流言蜚語

아무 근거 없이 널리 퍼진 소문. 풍설. 떠돌아다니는 말.

도청도설道聽途說

길거리에 떠돌아다니는 뜬 소문.

가담항어街談巷語

街談巷說(가담항설), 거리나 항간에 떠도는 이야기.

--- **애정** ---

연모지정戀慕之情

사랑하여 그리워하는 정.

상사병相思病

남녀가 서로 몹시 그리워하여 생기는 병.

상사불망相思不忘

서로 그리워하여 잊지 못함.

동병상련同病相憐

같은 병의 환자끼리 서로 가엾게 여김. 처지가 비슷한 사람끼리 동정함.

의리나 은덕을 저버림

배은망덕背恩忘德
　은덕을 저버림.

견리망의見利忘義
　이익을 보면 의리를 잊음.

기쁨, 좋음

포복절도抱腹絶倒
　배를 끌어안고 넘어질 정도로 몹시 웃음.

농장지경弄璋之慶 **또는 농장지희**弄璋之喜
　'장璋'은 사내 아이의 장난감인 '구슬'이라는 뜻으로, 아들을 낳은 기쁨.
　또는 아들을 낳은 일을 이르는 말.

농와지경弄瓦之慶 **또는 농와지희**弄瓦之喜
　'와瓦'는 계집 아이의 장난감인 '실패'라는 뜻으로, 딸을 낳은 기쁨을 이
　르는 말.

금상첨화錦上添花
　비단 위에 꽃을 놓는다는 뜻으로, 좋은 일이 겹침을 비유.

다다익선多多益善
　많을수록 더욱 좋음.

박장대소拍掌大笑
　손뼉을 치며 크게 웃음.

슬픔

애이불비哀而不悲
　속으로는 슬프지만 겉으로는 슬픔을 나타내지 아니함. 김소월 '진달래
　꽃'의 사상.

애이불상 哀而不傷

슬퍼하되 도를 넘지 아니함.

분노심

천인공노 天人共怒

하늘과 땅이 함께 분노한다는 뜻으로, 같은 무리의 불행을 슬퍼한다.

함분축원 含憤蓄怨

분하고 원통한 마음을 품음.

비분강개 悲憤慷慨

슬프고 분한 느낌이 마음 속에 가득 차 있음.

절치부심 切齒腐心

몹시 분하여 이를 갈면서 속을 썩임.

무례

방약무인 傍若無人

곁에 사람이 없는 것 같다는 뜻. 거리낌 없이 함부로 행동함.

안하무인 眼下無人

방자하고 교만하여 사람을 모두 얕잡아 보는 것.

후안무치 厚顔無恥

뻔뻔스러워 부끄러워할 줄 모름.

파렴치한 破廉恥漢

염치를 모르는 뻔뻔한 사람.

천방지축 天方地軸

함부로 날뛰는 모양.

───────── **불행** ─────────

설상가상雪上加霜

눈 위에 서리가 덮인다는 뜻으로, 불행한 일이 거듭하여 겹침을 비유.

칠전팔도七顚八倒

일곱 번 넘어지고 여덟 번 거꾸러진다는 말로, 실패를 거듭하거나 몹시 고생함을 이르는 말.

계란유골鷄卵有骨

달걀에도 뼈가 있다는 뜻으로, 운수가 나쁜 사람은 좋은 기회를 만나도 역시 일이 잘 안됨을 이르는 말.

───────── **희망** ─────────

전도유망前途有望

앞으로 잘 될 희망이 있음. 장래가 유망함.

원화소복遠禍召福

재앙을 물리쳐 멀리하고 복을 불러들임.

───────── **뛰어난 사람** ─────────

군계일학群鷄一鶴

닭의 무리 가운데서 한 마리의 학이란 뜻. 여럿 가운데서 가장 뛰어난 사람.

동량지재棟梁之材

한 집안이나 한 나라의 기둥이 될 만한 훌륭한 인재.

철중쟁쟁鐵中錚錚

평범한 사람 가운데서 특별히 뛰어난 사람.

낭중지추囊中之錐

'주머니 속의 송곳'이란 뜻으로서 재능이 뛰어난 사람은 숨어 있어도 남의 눈에 띄게 됨을 이르는 말.

태두泰斗

남에게 존경받는 뛰어난 존재. 泰山北斗(태산북두)의 준말.

백미白眉

마씨 오형제 중에서 가장 재주가 뛰어난 맏이 마량이 눈썹이 희었다는 데서 나온 말

기라성綺羅星

밤하늘에 반짝이는 수많은 별. 즉, 실력자들이 늘어선 것을 비유하는 말.

─────────── **속담과 관련된 성어** ───────────

득롱망촉得隴望蜀

〈말타면 경마(말의 고삐) 잡히고 싶다〉. 농땅을 얻고 또 촉나라를 탐낸다는 뜻으로 인간의 욕심이 무한정함을 나타냄.

마부위침磨斧爲針

〈열 번 찍어 안 넘어가는 나무 없다〉. "도끼를 갈면 바늘이 된다"는 뜻으로 아무리 어렵고 험난한 일도 계속 정진하면 꼭 이룰 수가 있다는 말.

등고자비登高自卑

〈천리길도 한 걸음부터〉. 일을 하는 데는 반드시 차례를 밟아야 한다는 말.

호가호위狐假虎威

〈원님 덕에 나팔 분다〉. 다른 사람의 권세를 빌어서 위세를 부림.

금지옥엽金枝玉葉

〈불면 꺼질까 쥐면 터질까〉. 아주 귀한 집안의 소중한 자식.

동족상잔同族相殘

〈갈치가 갈치 꼬리 문다〉. 동족끼리 서로 헐뜯고 싸움.

당랑거철螳螂拒轍

〈하룻강아지 범 무서운 줄 모른다〉. "사마귀가 수레에 항거한다"는 뜻
으로 자기 힘을 생각하지 않고 강적 앞에서 분수없이 날뛰는 것을 비유
한 말.

오비이락烏飛梨落

〈까마귀 날자 배 떨어진다〉. 아무 관계도 없는 일인데 우연히 때가 같음
으로 인하여 무슨 관계가 있는 것처럼 의심을 받게 되는 것.

함흥차사咸興差使

일을 보러 밖에 나간 사람이 오래도록 돌아오지 않을 때 하는 말.

주마가편走馬加鞭

〈달리는 말에 채찍질 하랬다〉. 잘하고 있음에도 불구하고 더 잘되어 가
도록 부추기거나 몰아침.

주마간산走馬看山

〈수박 겉 핥기〉. 말을 타고 달리면서 산수를 본다는 뜻으로 바쁘게 대충
보며 지나감을 일컫는 말.

교각살우矯角殺牛

〈빈대 잡으려다 초가삼간 태운다〉. 뿔을 바로잡으려다가 소를 죽인다.
곧 조그마한 일을 하려다 큰 일을 그르친다는 뜻. ☞ 과유불급過猶不及,
교왕과직矯枉過直)

빈계사신牝鷄司晨

〈암탉이 울면 집안이 망한다〉. 집안에서 여자가 남자보다 활달하여 안
팎 일을 간섭하면 집안 일이 잘 안 된다는 말.

기본 속담

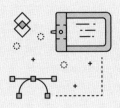

1. 가까운 이웃이 먼 친척보다 낫다.
   먼 데 사는 친척보다 이웃 사람들이 더 잘 보살펴 주고 도와주는 일이 많기 때문에 이웃에 사는 남이 더 낫다는 뜻

2. 가난도 스승이다.
   가난하면 이를 극복하려는 의지와 노력이 생기므로 가난이 주는 가르침도 스승과 같은 역할을 한다는 의미

3. 가는 말에도 채찍질을 한다.
   잘하는 일에 더욱 잘하라고 격려함을 이르는 말

4. 가는 말이 고와야 오는 말이 곱다.
   내가 남에게 말을 좋게 하여야 남도 나에게 말을 좋게 한다

5. 가는 세월에 오는 백발이다.
   세월이 가면 사람은 늙게 마련이라는 뜻

7. 가는 방망이, 오는 홍두깨
   섣불리 남을 해치려다 도리어 큰 화를 입는 것을 두고 하는 말

8. 가는 정이 있어야 오는 정도 있다.
   자기도 남에게 좋은 일을 해야 그 보답을 받을 수 있다는 것

9. 가는 토끼 잡으려다 잡은 토끼 놓친다.

욕심을 너무 크게 부려 한꺼번에 여러 가지를 하려다가 이미 이룬 일까지 실패하기 쉽다는 말

10. 가다 말면 안가는 것만 못하다.
무슨 일을 하다가 중도에서 그만두려면 차라리 처음부터 안 하는 것이 낫다

11. 가던 날이 장날이다.
뜻하지 않은 일을 공교롭게 만난 경우를 일컫는 말

12. 가랑비에 옷 젖는 줄 모른다.
조금씩 젖는 줄도 모르게 가랑비에 젖듯이 재산이 없어지는 줄 모르게 조금씩 줄어든다는 말

13. 가랑잎이 솔잎더러 바스락거린다고 한다.
자기 허물이 더 크고 많은 사람이 도리어 허물이 작은 사람을 나무라거나 흉을 본다는 뜻

14. 가랑이가 찢어지도록 가난하다.
매우 가난하다는 뜻

15. 가마 속의 콩도 삶아야 먹는다.
아무리 쉬운 일이라도 움직여서 손대지 않으면 제게 이익이 돌아오지 않는다는 뜻

16. 가뭄 끝은 있어도 장마 끝은 없다.
큰 가뭄이라도 다소의 곡식은 거둘 수 있지만 큰 수해에는 농작물 뿐 아니라 농토까지 유실되기 때문에 피해가 더 크다는 뜻

17. 가뭄에 콩나듯 한다.
어떤 일이나 물건이 드문드문 있을 때 하는 말

18. 가재는 게 편이요 초록은 한 빛이라.
모양이 비슷한 같은 족속끼리 한편이 된다는 말

19. 가지 많은 나무 바람 잘 날 없다.
자식 많이 둔 부모는 근심이 그치질 않아 편할 날이 없다

20. 간다 간다 하면서 아이 셋 낳고 간다.

하던 일을 말로만 그만 둔다고 하고서 실제로는 그만두지 못하고 질질 끈다는 말

21. 간에 기별도 안 갔다.
음식의 양이 너무 적어서 먹은 것 같지도 않다는 말

22. 갈수록 태산이다.
날이 갈수록 괴로움이 많다는 뜻

23. 값 싼 것이 비지떡
값이 싸면 품질이 좋지 못하다는 말

24. 강 건너 불구경이다.
자신과는 상관없는 일이라고 남의 일에 너무 무관심한 태도를 보임

25. 같은 값이면 다홍치마.
같은 값이면 품질이 좋은 것을 선택한다는 뜻

26. 같은 말이라도 '아' 다르고 '어'다르다.
비슷한 말이라도 듣기 좋은 말이 있고 듣기 싫은 말이 있듯이 말을 가려 하라는 의미

27. 개같이 벌어서 정승같이 쓴다.
비천하게 벌어서라도 떳떳이 가장 보람있게 쓴다는 말

28. 개구리 올챙이적 생각 못한다.
부자가 되어서 곤궁하던 옛날을 생각하지 못하고 잘난 체 함

29. 개 눈에는 똥만 보인다.
자기가 어떤 일을 좋아하면 모든 것이 다 그 물건 같이 보인다는 뜻

30. 개도 제 주인은 알아본다.
주인의 은혜를 모르는 사람을 두고 이르는 말

31. 개똥도 약에 쓰려면 없다.
흔한 것이라도 정작 소용이 있어 찾으면 없다.

32. 개똥이 무서워 피하나 더러워 피하지.
행실이 더러운 사람과 다투는 것보다는 피하는 것이 자신을 위해서 낫

다는 말

33. 개밥에 도토리

따돌림을 당해 함께 섞이지 못하고 고립됨

34. 게 눈 감추듯 한다.

음식을 빨리 먹는다

35. 똥 묻은 개가 겨 묻은 개 나무란다.

자신의 결함은 생각지도 않고 남의 약점만 캔다

36. 고래 싸움에 새우등 터진다.

힘센 사람끼리 싸우는데 약한 사람이 그 사이에 끼어 아무 관계없이 피해를 입는다는 말

37. 공든 탑이 무너지랴.

힘을 들여 한 일은 그리 쉽게 허사가 되지 않는다는 말

38. 구슬이 서 말이라도 꿰어야 보배다.

좋은 솜씨와 훌륭한 일이라도 끝을 마쳐야 쓸모가 있다.

39. 금강산도 식후경이다.

배가 부르고 난 다음에야 좋은 줄 알지 배고프면 소용이 없다는 말

40. 까마귀 날자 배 떨어진다.

엉뚱한 일로 말미암아 억울한 누명을 썼을 때

41. 낫 놓고 기역자도 모른다.

무식하기 짝이 없다는 뜻.

42. 낮말은 새가 듣고 밤말은 쥐가 듣는다.

남이 안 듣는 곳에서도 말을 삼가야 한다.

43. 달걀로 바위 치기.

맞서서 도저히 이기지 못한다는 뜻.

44. 닭 쫓던 개 지붕 쳐다보듯.

일이 실패가 되어 어찌할 수가 없음을 비유

45. 도토리 키 재보기.

별 차이가 없는 처지인데도 불구하고 서로들 제가 잘났다고 떠든다는 의미.

46. 돌다리도 두들겨 보고 건너라.

모든 일에 안전한 길을 택하여 탈이 없도록 한다는 말.

47. 두 손뼉도 맞아야 소리가 난다.

무엇이든지 상대가 있어야 하며 혼자서는 하기가 어렵다는 뜻.

48. 등잔 밑이 어둡다.

가까운 곳에서 생긴 일을 잘 모른다.

49. 땅 짚고 헤엄치기.

쉽고 안전하여 실패할 염려가 없다.

50. 밑 빠진 독에 물 붓기.

아무리 하여도 한이 없고 한 보람도 보이지 않는 경우에 쓰는 말.

51. 바늘 가는데 실 간다.

서로 밀접한 관계가 있는 것끼리 떨어지지 아니하고 항상 따른다는 것.

52. 바늘 도둑이 소 도둑 된다.

아주 작은 도둑이 자라서 큰 도둑이 된다는 뜻

53. 백 번 듣는 것이 한 번 보는 것만 못하다

실제 한 번 보는 것이 백 번 듣는 것 보다 확실하다는 뜻. (백문이불여일견: 百聞이 不如一見)

54. 백짓장도 맞들면 낫다.

아무리 쉬운 일이라도 여럿이 하면 더 쉽다.

55. 벗 따라 강남 간다.

친구를 따라서는 먼길이라도 간다는 뜻.

56. 벼이삭은 익을수록 고개를 숙인다.

훌륭한 사람일수록 교만하지 않고 겸손하다는 뜻.

57. 병 주고 약 준다.

해를 입힌 뒤에 어루만진다는 뜻.

58. 보기 좋은 떡이 먹기도 좋다.
   내용이 좋으면 겉모양도 반반하다는 뜻.

59. 부뚜막의 소금도 집어넣어야 짜다.
   쉽고 좋은 기회나 형편도 이용하지 않으면 소용이 없다.

60. 불난 데 부채질한다.
   불운한 사람을 더 불운하게 만들거나 성난 사람을 더 성나게 한다.

61. 사촌이 땅을 사면 배가 아프다.
   남이 잘 됨을 매우 시기함을 일컫는 말.

62. 서당개 삼 년에 풍월 한다.
   무식한 사람도 글 잘하는 사람과 오래 있게되면 자연 견문이 생긴다.

63. '설마'가 사람 잡는다.
   설마 그럴 수가 있나 하고 마음을 놓는데서 탈이 일어난다.

64. 세 살 버릇 여든까지 간다.
   어린 시절에 몸에 밴 나쁜 버릇은 좀처럼 고치기가 어렵다는 뜻.

65. 소 잃고 외양간 고친다.
   이미 일을 그르친 뒤에 뉘우쳐도 소용없다.

66. 소귀에 경 읽기다.
   가르치고 일러주어도 알아듣지 못한다.

67. 쇠뿔도 단김에 빼랬다.
   무슨 일이든지 기회가 있을 때 바로 해치워야 한다는 말.

68. 스승의 그림자는 밟지 않는다.
   선생님을 모시고 갈 때는 존경해야 한다는 뜻.

69. 아는 길도 물어 가자.
   쉬운 일도 신중하게 해야 틀림이 없다는 말.

70. 믿는 도끼에 발등 찍힌다.
   친하여 믿는 사람에게 오히려 해를 입는다는 말.

71. 아니 땐 굴뚝에 연기 날까

　모든 일에는 원인이 있다.

72. 아닌 밤중에 홍두깨

　갑자기 생각지 않던 것을 불쑥 내 놓는 것을 비유

73. 못 되면 조상 탓이다.

　잘못은 제가 해 놓고 남을 원망한다는 말.

74. 열 손가락을 깨물어 안 아픈 손가락 없다.

　자식이 아무리 많아도 부모에게는 다같이 중하다는 뜻.

75. 옥에도 티가 있다.

　아무리 훌륭한 물건이나 사람에게도 조그만 흠은 있다.

76. 우물 안 개구리

　견문이 좁아 넓은 세상의 사정을 모름을 비유.

77. 우물에서 숭늉 찾는다.

　성미가 아주 급하다는 뜻.

78. 우물을 파도 한 우물을 파라.

　무슨 일이든지 한 가지 일을 꾸준히 계속해야 성공할 수 있다는 말.

79. 윗물이 맑아야 아랫물이 맑다.

　윗사람의 행동이 깨끗하여야 아랫사람도 따라서 행실이 바르다.

80. 원수는 외나무다리에서 만난다.

　남의 원한을 사면 반드시 보복을 받는다는 뜻.

81. 원숭이도 나무에서 떨어질 때가 있다.

　익숙하고 잘 하는 사람이라도 실수할 때가 있다는 말.

82. 자라 보고 놀란 가슴 솥뚜껑 보고 놀란다.

　한 번 혼이 난 뒤로는 필요 이상으로 조심을 함

83. 작은 고추가 더 맵다.

　몸집이 작은 사람이 큰 사람보다 단단하고 재주가 뛰어남을 비유하는 말.

84. 젊어 고생은 사서도 한다
젊었을 때의 고생은 나중에 잘 살기 위한 밑거름이 된다는 의미.

85. 제 버릇 개 줄까
나쁜 버릇은 쉽게 고치기가 어렵다.

86. 쥐구멍에도 볕들 날이 있다
몹시 고생을 하는 사람도 좋은 기회를 만나게 된다.

87. 지렁이도 밟으면 꿈틀 한다
아무런 보잘 것 없고 약한 사람이라도 너무 무시하면 반항한다.

88. 지성이면 감천이다
사람이 무슨 일을 하나 정성이 지극하면 다 이룰 수도 있다는 말.

89. 참을 인忍자 셋이면 살인도 면한다
분한 일이 있어도 꾹 참으면 위기를 모면할 수 있다는 말.

90. 천 냥 빚도 말 한마디로 갚는다.
말을 가려서 해야 한다는 뜻.

91. 천 리 길도 한 걸음부터
아무리 큰 일이라도 그 첫 시작은 작은 일부터 비롯된다는 말.

92. 첫 술에 배부르랴.
어떤 일이든지 단번에 만족할 수는 없다.

93. 콩 심은 데 콩나고 팥 심은 데 팥난다
원인이 있으면 그에 따르는 결과가 있다.

94. 콩으로 메주를 쑨다 하여도 곧이 듣지 않는다
거짓말을 잘하여 신용할 수 없다.

95. 티끌 모아 태산
적은 것도 거듭 쌓이면 많아짐을 일컫는 말.

96. 평양감사도 저 싫으면 그만이다
아무리 좋은 일이라도 저 하기 싫다면 억지로 시킬 수 없음

97. 하늘이 무너져도 솟아날 구멍이 있다
재난에 부닥치더라도 도움을 받을 방법과 꾀가 있다.

98. 하룻강아지 범 무서운 줄 모른다
철모르고 함부로 힘을 쓰면서 덤비는 사람을 두고 하는 말.

99. 한 번 엎지른 물은 주워담지 못한다
한 번 한 일은 다시 원 상태로 되돌리지 못한다는 뜻.

100. 호박에 침주기
아무 반응이 없다는 뜻.

독해 필수 어휘

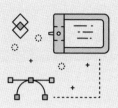

---ㄱ---

각광脚光

무대의 앞면 아래 쪽에서 배우를 환하게 비추는 조명 관용구 각광(을) 받다[입다] : 널리 대중적인 찬사나 기대로 주목을 받다. 예 연극계에서 각광을 받고 있는 배우

간과看過

깊이 관심을 두지 않고 예사로이 보아 넘김

간주看做

《주로 '이라고'·'로(으로)'·'다고' 뒤에 쓰이어》 그렇다고 봄. 그렇게 여김

간파看破

보아서 속내를 알아차림. 예 남의 속셈을 간파하다.

갈음

본디 것 대신에 다른 것으로 가는 일, 대체代替의 의미

감상적感傷的

어떤 일이나 현상을 슬프게 느끼는.

감성적感性的

외부의 자극에 의해 반응하는.

감정적感情的

사물의 현상에 느끼어 움직이는 마음의 작용 중에서 유쾌·불쾌·기쁨·노여움 따위의.

강구講究

좋은 대책과 방법을 연구함

개가凱歌

① 〈개선가〉의 준말.
② 경기 등에서 이겼을 때 터져 나오는 환성.

개 : 가改嫁

시집갔던 여자가, 남편이 죽거나 남편과 이혼하거나 하여 다른 남자에게 다시 시집가는 일. 재가. 후가後嫁. 후살이.

개가開架

도서관이나 도서실에서, 열람자가 자유로이 도서를 열람할 수 있도록 서가를 개방하는 일.

개선改善

좋게 고침. 예 생활 개선 / 대우 개선

개성적個性的

낱낱의 물건이나 또는 한 사람의 인간에게 특유한 특징이나 성질·성격·성향의.

개악改惡

고쳐서 도리어 나빠지게 함 ↔ 개선改善)

개연적蓋然的

일정한 조건 아래서 어떤 현상이 발생할 만한.

개탄慨嘆, 慨歎

분하게 여기어 탄식함, 또는 그 탄식. 예 도덕성의 쇠퇴를 개탄하다.

객관적客觀的

　　개인적 주관을 떠나 냉철한 마음으로 대상을 바라보는.

거시적巨視的

　　① 사람의 감각으로 식별할 수 있을 정도의. 또는 그런 것.
　　② 사물이나 현상을 전체 적으로 분석·파악하는. 또는 그런 것.

격리隔離

　　서로 통하지 못하게 사이를 막거나 떼어 놓음. (전염병 환자를) 일정한 처
　　소에 옮겨 놓음

격정적激情的

　　강하고 또 급격하여 누르기 어려운 정서의.

견지見地

　　사물을 관찰하는 입장. 관점. 예 대국적 견지 / 교육적 견지

견지堅持

　　굳게 지님. 예 전통을 견지하다.

결연決然

　　태도가 매우 굳세고 결정적이다.

경세적警世的

　　세상 사람을 깨우치는.

경황景況

　　흥미를 느낄 만한 겨를이나 형편. 예 집안이 이 지경인데 무슨 경황으로
　　놀러 가겠나.

경황驚惶

　　놀라고 두려워함

계기契機

　　어떤 일이 일어나거나 결정되는 근거나 기회. 동기. 예 사건의 계기

계발啓發

　　슬기와 재능을 널리 열어 깨우쳐 줌. 예 기술을 계발해야 한다.

계ː보系譜
　　① 조상 때부터의 혈통이나 집안의 역사를 적은 책.
　　② 사람의 혈연관계나 학문·사상 등의 계통 또는 순서의 내용을 나타낸 기록. ㉐물리학의 계보

고구考究
　　자세히 살펴 연구함. [비슷한말]참구參究.

고답高踏
　　지위나 명리를 떠나 속세에 초연함

고답적高踏的
　　현실사회와 동떨어진 것을 고상하게 여기는.

고루하다固陋―
　　낡은 사상이나 풍습에 젖어 고집이 세고 변통성이 없다. ㉐고루한 생각.

고무鼓舞
　　격려하여 기세를 돋움. ㉐고무적인 사실

고백적告白的
　　비밀이나 생각하는 바를 사실대로 솔직하게 말하는.

고수固守
　　곧게 지킴 ㉐생각을 고수하다.

고아하다古雅―
　　예스럽고 우아하다. ㉐고아한 정취를 풍기다.

고아하다高雅―
　　고상하고 우아하다. ㉐그분의 고아한 인품에 심취하다.

고전적古典的
　　① 조화·전통·형식을 중히 여기는.
　　② 예술 작품에서 고전주의의 입장을 취하고 있는

고조高調
　　의기意氣를 돋움. 어떤 분위기나 감정 같은 것이 한창 높아진 상태. ㉐사

기를 고조시키다. / 고조된 분위기

고혹蠱惑

아름다움이나 매력 같은 것에 홀려서 정신을 못 차리게 함.

곡해曲解

(사실과 어긋나게) 잘못 생각함 ㉾동료의 호의를 곡해하다.

곱새기다

되풀이하여 곰곰이 생각하다. 남의 말이나 행동을, 그 본의本意대로 생각하지 않고 좋지 않게 꼬아 생각하다. 곡해曲解하다.

공교하다ㅗㄲ─

솜씨 따위가 재치 있고 교묘하다. ㉾공교한 솜씨

공교롭다ㅗㄲ─

생각지 않았던 우연한 사실과 마주치게 된 것이 이상하다. ㉾공교롭게도 일이 그렇게 되었다.

공리公利

공공의 이익.

공리公理

널리 일반에 통용되는 도리. 수학이나 논리학 따위에서, 증명이 없이 자명한 진리로 인정되며, 다른 명제를 증명하는 데 전제가 되는 원리.

공리功利

어떤 행위에 의하여 얻어지는 공명과 이익. 철학에서, 다른 목적을 실현하는 데 도움이 되는 것.

공리적公利的

공공의 이익이 되는

공상적空想的

현실적이 아닌, 또는 실현될 가망이 없는.

공생共生

서로 같은 장소에서 생활함.

공소空疎

　　내용이 빈약하고 엉성함, 텅 비고 드문드문 떨어져 있음

공소公訴

　　검사가 법원에 대하여 공소를 제기할 수 있는 권리

공시론共時論

　　같은 시간, 곧 동시성 위에 존재하는 현상을 파악하는 이론　⑪통시론

과˙람過濫

　　분수에 넘침.

과장적誇張的

　　사실보다 지나치게 나타내는.

관념觀念

　　대상에 대한 인상이나 의식 내용.

관념적觀念的

　　① 현실을 무시한 추상적인.
　　② 철학적

관능적官能的

　　육체적 (성적) 쾌감을 자극하는.

관조적觀照的

　　고요한 마음으로 대상을 관찰하고 음미하는.

기여寄與

　　이바지하여 줌.　㈜ 국가에 기여하다.

괴기적怪奇的

　　이상하고 (불가사의하고) 야릇한.

괴리乖離

　　서로 등지어 떨어짐. 어그러져 동떨어짐　㈜ 현실과 이상의 괴리

괴사壞死

　　생체 내의 조직이나 세포가 부분적으로 죽는 일

교술적敎術的

　사물을 객관적으로 묘사하고 설명하여 감흥을 자아내는

교ː조敎條

　① 기독교에서, 교회가 공인한 교의敎義, 또는 그 교의의 조목條目.
　② 특정한 권위자의 교의나 사상.

교지巧智

　교묘한 지혜.

교훈적敎訓的

　앞으로의 행동이나 생활에 있어서의 지도적인 구실이 될 만한.

구상具象

　사물이 실제로 뚜렷한 모양이나 형태를 갖추고 있는 일(것), 구체적인 것

구상적具象的

　구체적 (반)추상적

구색具色

　(물건 따위를) 골고루 갖춤, 또는 그런 모양새.

구애拘礙

　거리끼거나 얽매임. 거리낌(방해가 되다. 꺼림칙하게 마음에 걸리다.) (예)여론
에 구애하지 않고 소신껏 일하다.

구연口演

　말로 진술함.

구유具有

　(성질이나 재능·자격 따위를) 갖추고 있음. (예)높은 지성을 구유하다.

구체적具體的

　① 직접 경험·지각할 수 있는.
　② '일반적·추상적·보편적'에 대립적인(개념).

구축構築

　큰 구조물이나 진지 등을 쌓아 올려 만듦. (예)진지를 구축하다.

구축驅逐

(어떤 세력이나 해로운 것을) 몰아냄. 쫓아냄. 예 악화惡貨가 양화良貨를 구축하다.

국수적國粹的

제 나라 것만 우수하다고 생각하는.

귀감龜鑑

본받을 만한 모범, 본보기.

귀납歸納

논리학에서 낱낱의 구체적인 사실로부터 일반적인 명제나 법칙을 이끌어 냄

귀착歸着

(먼 곳으로부터) 돌아와 닿음. 의논이나 어떤 일의 경과 따위가 여러 과정을 거쳐 어떤 결말에 다다름. 예 기지에 귀착하다. 예 최초의 의안으로 귀착되다.

귀환歸還

돌아옴, 특히 전쟁터에서 돌아옴

궤軌

무슨 일의 경로經路.

( )를 같이하다 : 어떤 방침이나 논리의 방향, 사고 방식 따위가 같다.

궤도軌道

물체가 일정한 법칙에 따라 운동을 할 때 그리는 경로. 기차나 전차의 레일. 무슨 일이 정상적으로 진행되어 가는 길

규명糾明

자세히 캐고 따져 사실을 밝힘. 예 책임을 규명하다.

극적劇的

① 연극적 (대화·행동)
② 깜짝 놀랄만한.

기미幾微·機微

① 낌새. 눈치. 예 기미가 이상하다.

② 어떤 일이 일어날 기운. 예 소나기가 내릴 기미가 보인다.

기세 棄世

[명사] [하다형 자동사] 1. [세상을 버린다는 뜻으로] 윗사람의 '죽음'을 완곡하게 이르는 말. 별세. 하세下世. 2. 세상에 나가지 않음. ②둔세遁世

기세 欺世

[명사] [하다형 자동사] 세상을 속임

기폭제起爆劑

약간의 충격, 마찰, 열 등에도 쉽게 폭발하는 화약(폭약이니 발사약) 등의 점화에 쓰임. 어떤 사건을 일으키는 계기가 되는 일을 비유하야 이르는 말

ㄴ

낙관樂觀

일이 잘 될 것으로 생각됨. 예 일의 성공 여부에 대해서는 낙관하고 있다.

남상濫觴

[(양쯔강)같은 큰 강도 그 근원은 작은 잔을 띄울 만한 적은 물로부터 나왔다는 뜻에서] 사물의 처음, 시작 예 우편 제도의 남상

남용濫用

함부로 씀, 마구 씀. 난용亂用. 예 약을 남용한 부작용

낭만적浪漫的

비현실적이며 이상적인 달콤한 것을 구하는 것. 환상적이며 공상적인 것

내성적內省的

겉으로 나타내지 않고 마음속으로만 생각하는 성격인.

냉소적冷笑的

쌀쌀한 태도로 업신여겨 비웃음.

노정露呈

(어떤 사실을)드러냄, 나타냄

논리論理

① 말이나 글의 조리.

② 생각하여 분별하는 이치.

논정論定

논의하여 결정하다.

논거論據

의견이나 주장의 타당성을 뒷받침 해주는 증거.

논박論駁

상대의 의견이나 설의 잘못을 비난하고 공격함. 박론

논봉論鋒

의론할 때나 논박할 때의 격렬한 말씨. 논설의 기세. 논박할 때의 공격
목표

논증論症

상대의 신념이라 태도, 의견 등을 필자가 생각하는 방향으로 변화시키
려는 진술 방식.

ㄷ

다랍다

아니꼬울 만큼 잘고 인색하다.

다문다문

(시간적으로) 잦지 않고 동안이 좀 뜨게, 이따금

다물다물

(무엇이) 무더기무더기로 쌓여 있는 모양

단청丹靑

(궁궐, 사찰, 정자 따위) 전통 양식의 건축물에 여러 가지 빛깔로 그림이나 무늬를 그리는 일, 또는 그림

(속담) 소경 단청 구경 : 보아도 이해하지 못할 것을 본다는 말.

(속담) 봉사 단청丹靑 구경 : 본다고 보기는 하나, 그 참모습을 모르고 본다는 말.

달관達觀

사소한 일에 얽매이지 않는, 세속을 벗어난 경지.

당위적當爲的

마땅히 행해야 하는.

당착撞着

앞뒤가 서로 맞지 아니함. (예) 자가 당착

대응對應

짝을 이뤄 서로 응함. = 상응 = 호응

대조적對照的

서로 반대적으로 대비되는.

도래到來

닥쳐옴

도모圖謀

어떤 일을 이루려고 수단과 방법을 꾀함. (예) 친목을 도모하다.

도식적圖式的

이미 이루어진 틀이나 공식에 맞추어 보려는.

도야陶冶

(훌륭한 인격이나 재능을 갖추려고) '몸과 마음을 닦음'을 비유하여 이르는 말

도외시度外視

가외의 것으로 봄. 안중에 두지 않고 무시 (예) 도외시하여 문제로 삼지 않다. ↔ 문제시

도출導出

(어떤 생각이나 판단, 결론 따위를) 이끌어 냄. 예 주제의 도출

돋구다

더 높게 하다 예 안경의 도수 따위를 더 높게 하다

돋우다

기세나 흥미, 입맛 따위가 더 높아지게 하다. 또는 수준이나 정도를 더 높이다. 흔히 사용하는 대부분의 경우에 '돋우다'를 쓰는 것이 맞다.
예 흥미를 돋우다./화를 돋우다./입맛을 돋우다./목청을 돋우다

동인動因

어떤 사물 현상을 일으키거나 변화시키는 원인

둔세遁世

세상을 피해 삶, 현실에서 도피함, 속세를 등지고 불문에 들어감

□

마각馬脚

말의 다리. 간사하게 숨기고 있던 일을 부지중에 드러내다. 예 마각을 드러내다.

매개

일이 되어 가는 형편. 예 매개를 보다 : 일이 되어 가는 형편을 살펴보다

매개媒介

① 사이에 들어 서로의 관계를 맺어 줌.
② 전파傳播하는 일. 예 전염병 균을 매개하는 파리

매도罵倒

몹시 욕하며 몰아세움.

매도賣渡

팔아넘김. 매각賣却.

매진邁進

　씩씩하게 나아감. 예목표 달성을 위해 매진하다.

맥락脈絡

　혈관의 계통, 사물의 연결, 줄거리 준말맥脈.

맹아 盲兒

　눈이 먼 아이.

맹아 盲啞

　소경과 벙어리를 아울러 이르는 말. 예맹아들의 교육을 위해 전문적인
학교를 세우다.

맹아萌芽

　① 식물에 새로 튼 싹.
　② 새로운 일의 시초, 또는 그러한 조짐이 나타나는 것. 예문명文明의 맹
아.

메카 Mecca

　이슬람 최고의 성지聖地. (학문이나 예술 등) 어떤 분야의 중심지로서 사람
들의 동경의 대상이 되는 곳

메커니즘

　어떤 사물의 구조, 또는 그것의 작용 원리 / ('기계 장치'라는 뜻에서) 틀에
박힌 생각 또는 기계적인 처리.

명제命題

　어떤 사실의 진위나 의견, 판단 등을 문장으로 나타낸 것.

모사模寫

　어떤 그림을 보고 그대로 본떠서 그림. 무엇을 흉내 내어 그대로 나타냄

모사謀事

　일을 꾀함. 또는 일의 해결을 위한 꾀를 냄

모사謀士

　계책을 세우는 사람, 또는 계책에 능한 사람.

모색摸索

더듬어 찾음. 예 방법을 모색하다.

모순矛盾

앞뒤가 서로 맞지 않음.

모짝

있는 대로 한 번에 몰아서

모호模糊

흐리어 분명하지 못하다. 예 모호한 대답

목가적牧歌的

시골 냄새가 나는. = 향토적鄕土的 : 한국적 시골 냄새가 나는 / 전원적田園的 : 시골 생활의 자그마한 것들에 애정을 쏟는

몰각沒覺

상식이나 깨달아 아는 바가 없음, 무지몰각無知沒覺의 준말

몰각沒却

없애 버리거나 무시해 버림. 예 당초의 목적을 몰각하다.

몽니

심술궂게 욕심부리는 성질

몽매夢寐

잠을 자며 꿈을 꿈. 《주로, '몽매에'·'몽매에도'의 꼴로 쓰임.》 예 몽매에도 잊지 못하는 조국.

몽매蒙昧

사리에 어둡고 어리석음. 예 몽매를 깨우치다.

몽타주 montage

영화나 텔레비전의 필름에 대한 화면 구성의 기법이나 편집 방법. 따로따로 촬영한 필름을 효과적으로 편집하여 의식적인 영상 예술을 구성함

묘사적描寫的

보고 들은 것이나 마음에 느낀 것을 그림이나 소설 따위에서 예술적·객

관적으로 재현.

무구無垢**하다**

　(심신이) 때 묻지 않고 깨끗하다.

무상無相

　① 일정한 형태나 양상이 없음.
　② 형상에 구애됨이 없음. 집착을 떠나 초연한 지경

묵과黙過

　말없이 지나쳐 버림. 예 부정 행위를 보고 묵과할 수는 없다.

묵수墨守

　자기의 의견이나 주장을 곧게 지킴. 전통이나 관습을 굳게 지킴

문외한門外漢

　그 일에 전문가가 아닌 사람. 직접 관계가 없는 사람.

미답未踏

　아직 아무도 밟지 않음. 예 전인前人 미답의 땅

미동적微動的

　약간 움직이는.

미시적微視的

　① 사람의 감각으로 직접 식별할 수 없을 만큼 몹시 작은 현상에 관한.
　또는 그런 것.
　② 사물이나 현상을 전체적인 면에서가 아니라 개별적으로 포착하여 분
　석하는. 또는 그런 것.

미혹迷惑

　마음이 흐려서 무엇에 홀림 예 재물에 미혹되다.
　정신이 헷갈려 갈팡질팡 헤맴 예 긴 미혹의 세월을 보내다.

ㅂ

바벨탑 Babel塔

공상적인 계획이나 시도를 비유하여 이르는 말

박절 迫切

인정이 없고 야박하다.

반드럽다

깔깔한 데가 없이 매우 매끄럽다. 사람됨이 어수룩한 맛이 없고 약삭빠르다. 예 빙판이 반드럽다. 예 반드러운 사람. 큰말 번드럽다. 센말 빤드럽다.

속담 반드럽기는 삼 년 묵은 물박달나무 방망이 : 삼 년씩이나 가지고 다루면서 반들반들하게 된 물박달나무 방망이 같다는 뜻으로, 말을 잘 안 듣고 요리조리 피하기만 하는 몹시 약삭빠른 사람을 이르는 말. 반들반들하여 쥐면 미끄러져 나갈 것 같은 것을 비유적으로 이르는 말.

반어적 反語的

일부러 어떤 말을 실제와는 반대로 표현하는. 아이러니.

반지빠르다

말이나 하는 짓이 얄밉게 반드럽다. 예 반지빠른 행동.

반향 反響

어떤 일에 대한 반응으로 나타나는 현상. 또는 그 의견이나 논의

발호 跋扈

함부로 세력을 휘두르거나 제멋대로 날뜀. 예 악덕 상인이 발호하다.

배치 背馳

서로 반대가 되어 어긋남. 예 이론과 실제가 배치되다.

배타적 排他的

남을 배척하는.

백안시 白眼視

업신여기거나 냉대하여 흘겨봄

번거롭다

일의 갈피가 복잡하고 어수선하다. 조용하지 않고 어수선하다.

범주範疇

① (일반적으로) 같은 성질의 것이 딸려야 할 부류 또는 범위.
② 사물의 개념을 분류할 때 가장 기본적이고 보편적인 최고의 유개념類概念. 카테고리

변개變改

① 변경變更 – 바꾸어 고침 예 명의名義 변경
② 변역變易 – 변하여 바꿈, 변하여 바뀜

변증법辨證法

모순 또는 대립을 근본 원리로 하여 사물의 발전 법칙을 설명하려는 논리.

별세別世

세상을 하직한다는 뜻으로 '죽음'을 높이어 이르는 말, 여든 살을 일기로 별세하다

병치併置·竝置

둘 이상의 것을 같은 자리에 두거나 나란히 설치함

보수적保守的

재래의 풍속·습관·전통 등을 중시하여 그대로 지키려는. 반 진보적

보중保重

몸의 관리를 잘하여 건강하게 유지함.

본령本領

가장 본질적이고 근원적인 것 예 민주 정치의 본령은 주권재민에 있다.

본질本質

근본 바탕, 중심 내용

봉착逢着

서로 맞닥뜨려 만남. 예 새로운 국면에 봉착하다.

부각浮刻

　사물의 특징을 두드러지게 나타냄. 예 현대 문명의 위기를 부각시킨 노작勞作

부연敷衍

　덧붙여 설명함.

부합符合

　둘이 서로 꼭 들어맞음.

북

　나무나 풀의 뿌리를 싸고 있는 흙. 예 북을 돋우다./고추밭에 북을 주다.

분석적分析的

　어떤 현상이나 사물을 분해하여 그 사물을 구성하고 있는 개별적 성분·요소를 파악하는.

붕어崩御

　임금이 세상을 떠남. 선어仙馭. 안가晏駕. 예 고종 황제께서 붕어하시다. 준말 붕崩. 비슷한말 승하.

비견比肩

　(어깨를 나란히 한다는 뜻으로) 낫고 못함이 없이 서로 비슷함. 예 그와 비견할 만한 사람이 없다.

비루鄙陋

　(행동이나 성질 따위가) 품위가 없고 천하다. 예 비루한 이야기, 비루한 행동에 눈살을 찌푸리다.

비약적飛躍的

　단계나 순서를 차례대로 밟지 않고 껑충 뛴.

비유적比喩的

　그와 비슷한 다른 성질을 가진 현상이나 사물을 빌어 뜻을 생동감 있게 나타내는 일.

비장미悲壯美

　슬픔 속에 훌륭한 뜻을 지님.

비판批判

　인물·행위·판단·학설·작품 따위를 평가·검토하여 그릇된 점을 밝혀 내는 일.

비평批評

　대상의 가치나 영향을 따져 말함.

비호庇護

　감싸 보호함. 예특정인을 비호하다.

人

사ː거死去

　죽어서 세상을 떠남. 사망. 높임말서거

서거逝去

　사거死去의 높임말

사실적事實的

　현실로 있는, 실제로 존재하는 일의.

사실적寫實的

　사물의 실제의 상태를 있는 그대로 그려내는.

사색적思索的

　깊이 생각하고 이치를 더듬는.

사장死藏

　활용하지 않고 간직하여 둠. 예능력을 사장시키다.

사주使嗾

　남을 부추기어 시킴. 사촉嗾囑

산문적散文的
　글자의 수나 운율 같은 거의 제한이 없이 자유롭게 기술하는.

상대적相對的
　사물이 다른 것과의 관계나 대립·비교 등의 상태에 놓여 있는 ⟨반⟩절대적

상보적相補的
　서로 도움을 주고 받는.

상상적想像的
　어떤 사물이나 현상에 관하여 마음속에 그려보는.

상술詳述
　자세하게 설명함.

상˙장上場
　주식 따위를 시장 거래의 목적물로 하기 위해 거래소에 등록하는 일.

상징象徵
　① 추상적인 사물을 구체적으로 나타내는 것.
　② 보조관념 : 원관념 = 1 : 多
　③ 원관념은 숨어 있다.

상충相衝
　맞지 않고 서로 어긋남. ⟨예⟩의견이 서로 상충되다.

상투적常套的
　늘 버릇이 되어 쓰는 예사로운 성격

상호相互
　상대가 되는 이쪽과 저쪽 모두. ⟨예⟩상호 신뢰.

상호桑戶
　[뽕나무로 얽은 지게문이라는 뜻으로] '가난한 집'을 이르는 말.

서경적敍景的
　경치를 펴는.

서정적抒情的

잔잔하고 아름다운.

서사적 敍事的

사건을 있는 그대로 적는.

서술적 敍述的

(어떤 내용을) 차례를 좇아 말하거나 적는.

선의 禪意

깊은 깨달음을 통해 얻은 의미 (진리)

선험적 先驗的

논리상 경험에 앞서서 인식의 주관적 형식이 인간에게 주어져 있다고 주장하는.

섭렵 涉獵

여러 종류의 책을 널리 읽음. 예 고대사 문헌을 섭렵하다.

소급 遡及

지나간 일에까지 거슬러 올라가서 미침. 예 월급을 소급 인상함.

소회 所懷

마음에 품은 생각. 예 교직 생활 30년에 대한 소회.

소회 素懷

평소 품고 있던 생각.

소탈 疏脫

(예절이나 형식에 얽매이지 않고) 수수하고 털털함

쇄신 刷新

묵은 나쁜 폐단을 없애고 새롭게 함. 예 관기 官紀 쇄신

수사 修辭

독자에게 감동을 주기 위하여 문장·사상·감정을 효과적으로 표현하기 위한 언어수단들의 선택과 그의 이용수법.

수의적 隨意的

자기 마음대로 하는.

숙성 熟成

익어서 충분하게 이루어짐.

순종적 順從的

거슬리지 않고 순순히 복종하는.

순행적 順行的

차례대로 진행되는. 〔반〕 역행적

순후하다 淳厚, 醇厚 —

순박하고 인정이 두텁다. 〔예〕주민들의 순후한 인심

숭고미 崇高美

존귀하고 높은 가치를 지닌 대상이 갖는 미.

승하 昇遐

임금이 세상을 떠남, 등하登遐, 〔비슷한말〕붕어崩御

시나브로

모르는 사이에 조금씩. 야금야금. 〔예〕쌓였던 눈이 시나브로 녹아 없어졌다./물려받은 재산을 시나브로 다 없앴다.

시사 示唆

미리 암시하여 알려 줌. 〔예〕그 사건이 시사하는 바가 크다.

시사적 示唆的

현재의 정치·경제·사회와 관련된.

시현 示現

① 나타내보임.
② 신불神佛이 영험을 나타내는.

신비적 神秘的

사람의 힘이나 지혜로서는 도저히 이해할 수 없는 영묘한.

심리적 心理的

마음의.

심미적 審美的

아름다움을 추구하는. 유미, 탐미

심상心象

기억과 연상을 통해 마음속에 떠오르는 느낌이나 모습. 이미지.

십상十常八九

열 가운데 여덟이나 아홉이 됨. 거의 다 됨을 가리키는 말. 십중팔구 예
그렇게 급하게 먹다가는 체하기가 십상이다.

○

아집我執

자기 중심의 좁은 생각이나 소견 또는 그것에 사로잡힌 고집. 예 아집이
세다. / 아집을 버리지 못하다.

아치雅致

아담한 풍취風趣 예 정원수와 화초가 자못 아치 있게 다듬어져 있다.

아취雅趣

아담한 정취, 또는 그러한 취미 예 아취를 자아내다. 아취가 있다.

애상적哀想的

슬퍼하고 가슴 아파하는.

야기惹起

끌어 일으킴. 예 중대 사건을 야기하다.

양양洋洋**하다**

사람의 앞길이 한없이 넓어 발전할 여지가 매우 많고 크다. 예 양양한
앞길

양양揚揚**하다**

득의得意하는 빛을 외모와 행동에 나타내는 기색이 있다. 예 의지가 양양

어그러지다

①(짜여 있어야 할 것이) 각각 제자리에서 물러나 서로 맞지 아니하다. 예
상자가 어그러지다.

②(생각했던 일이나 기대했던 일이) 그대로 되지 아니하다. ㉑ 계획이 어그러지다.

③사이가 좋지 않게 되다. ㉑ 친구 사이가 어그러지다.

언급言及

하는 말이 어떤 문제에까지 미침. 어떤 일에 대해 말함.

여담餘談

용건 밖의 이야기. 잡담.

역동적力動的

움직이는. 동적.

역설逆說

두 가지 사실이 얼핏 보기에는 서로 충돌하는 것 같으나 이치에 맞음.

역설逆說

대중의 예기豫期에 반하여 일반적으로 진리라고 인정되는 것에 반하는 설. 또, 진리에 반대하고 있는 듯하나, 잘 음미하여 보면 진리인 설. 패러독스

역학적力學的

부분을 이루는 요소가 서로 의존적 관계를 가지며 또 서로 제약하는.

염세적厭世的

세상이 싫어짐. ㉑ 낙천적

예기豫期

앞으로 닥칠 일을 미리 기대하거나 예상함. ㉑ 예기하지 못한 사건.

예속적隸屬的

남의 지배 아래 매인.

예지銳智

사물의 본질을 꿰뚫는 뛰어난 지혜.

예찬적禮讚的

존경하고 찬탄하는.

오로지하다

혼자 차지하여 제 마음대로 하다. 예권력을 오로지하다.

(한 가지만을) 외곬으로 하다. 예국악만을 오로지하다.

오만傲慢

잘난 체하여 방자함.

옹호擁護

부축하여 보호함, 편을 들어 지킴 예인권 옹호, 친구를 옹호해 주다.

와전訛傳

그릇(잘못) 전함. 유전謬傳

요체要諦

① 사물의 가장 중요한 점. 예성공의 요체.

② 중요한 깨달음, 올바른 사리事理

용인庸人

어리석고 변변하지 못한 사람.

용인傭人

고용된 사람. 품을 파는 사람.

용인容忍

너그러운 마음으로 참음.

용인容認

너그럽게 받아들여 인정함.

왜곡歪曲

사실과 다르게 곱새김

왜골

허우대가 크고 언행이 얌전하지 못한 사람

외경畏敬

공경하고 두려워함. 경외敬畏

외경심 畏敬心

숭고한 가치를 지닌 대상(절대자, 생명 등)에 대해 두려워하고 존경하는 마음.

외곬

한곳으로만 트인 길, 단 한 가지 방법이나 일(주로 '외곬으로'의 꼴로 쓰임) 例 외곬으로 파고들다

우상 偶像

나무나 돌로 만든 사람이나 신의 형상, 종교적 숭배의 대상인 잡신의 모습, 맹목적인 존경, 추종의 대상

우아 優雅하다

아름다운 품위와 아취가 있다. 부드럽고 곱다. 例 우아한 자태

운김

여러 사람이 함께 일할 때 우러나는 힘 例 운김에 끝까지 해치우다.

운명론적 運命論的

모든 자연 현상이나 사람의 일은 선천적으로 정해져 있어서, 결코 사람의 힘으로는 변경 못시킨다는.

운치 韻致

고아한 품격을 갖춘 멋, 풍치

원망 怨望

① 남이 한 일을 억울하게 또는 못마땅히 여겨 탓함.
② 분하게 여겨 미워함. 유감으로 생각하여 불평함.
③ 지난 일을 언짢게 여기고 부르짖음.

위계 位階

① 벼슬의 품계.
② 지위의 등급. 例 위계가 분명히 서다.

위계 僞計

거짓 계략

위상 位相

어떤 사물이 다른 사물과의 관계 속에서 가지는 위치나 상태, 지역,직업,계급,남녀,연령 등의 집합의 요소의 연속 상태, 또는 그런 구조

유기적有機的

여러 부분이 모여서 전체를 구성하여, 그 각 부분 사이에 긴밀한 통일을 이루어 부분과 전체가 필연적 관계를 가지고 있는

유리遊離

다른 것과 떨어져 존재함. 예 대중으로부터 유리된 문학.

유명幽明

① 어둠과 밝음.
② 저승과 이승.

유명幽冥

① [하다형 형용사] 그윽하고 어두움.
② 저승.

유보留保

어떤 일의 처리를 뒷날로 미루어 둠, 일정한 권리·의무에 관해 제한을 붙임(법)

유예猶豫

망설여 일을 결행하지 않음, 시일을 미루거나 늦춤

유산流産

① 달이 차기 전에 태아가 죽어서 나옴. 낙태落胎. 타태墮胎.
② '계획한 일이 중지됨'을 비유하여 이르는 말. 예 세계 대회가 유산되다.

유서由緒

(사물이) 전하여 내려오는 까닭과 내력

유서宥恕

너그럽게 용서함

유서遺緒

왕의 유업遺業

유서諭書

　관찰사, 절도사, 방어사 등이 부임할 때 왕이 내리던 명령서

유서類書

　같은 종류의 책, 예전에 중구에서, 경사자집의 여러 책들을 내용이나 항목별로 분류하여 엮은 책, 오늘날의 백과사전과 비슷함

유서遺書

　유언을 적은 글

유업遺業

　고인이 남긴 사업

원형상징

　시간과 공간을 초월하여 모든 이에게 거의 동일한 느낌을 주는 내용.

유리遊離

　① (다른 것에서) 떨어짐, 또는 떨어져 존재함. 예 대중과 유리된 정치.
　② 단체單體 또는 기基가 딴 원소와 화합하지 않고 분리되어 존재하거나 화합물에서 분리되는 일.

유심론적唯心論的

　정신적인 것만이 참된 실재이며,
　물질적인 것은 그 현상·가상에 지나지 않는다고 하는.

유의적有意的

　의지를 가지고 행하는 것.

유추類推

　유사한 점에 의해 다른 사물을 미루어 추측함.

유추적類推的

　어떤 사물에서 다른 사물의 성질이나 상태를 미루어 짐작하는.

응전應戰

　적의 공격에 맞서서 싸움

의지적意志的

　목적을 자각하고 그것을 달성하기 위하여 적극적으로 노력하는.

이상적理想的

생각할 수 있는 가장 완전한.

이성적理性的

본능이나 감상적인 충동에 의하지 않고, 이성에 의한.

이지러지다

(물건의) 한 부분이 떨어져 없어지다. 한쪽이 차지 아니하다.

이지적理智的

사물을 분별·이해하는 슬기를 지닌.

인광燐光

① 황린黃燐이 공기 중에서 절로 내는 파란빛.
② 어떤 물체에 자외선 등의 빛을 쬐었다가 그 빛을 없앤 뒤에도 그 물질에서 한동안 나오는 빛, 또는 그러한 현상.

인습因襲

버려야 할 옛 풍습이나 습관. 참고 전통 : 계승해야 할 것

인습因習

이전부터 전해 내려와 몸에 익은 관습.

인습적因襲的

옛 관습에 사로 잡혀 새로운 것을 따르려 하지 않는

인식認識

깨달아 앎.

인지認知

어떠한 사실을 분명히 인정함 . 예 실태를 인지하다.

일가견一家見

어떤 문제에 대하여 개인이 가지는 일정한 체계의 전문적 견해. 예 일가견을 피력하다.

일반적一般的

전체에 두루 해당되는. 추상적·보편적

일탈逸脫

　(어떤 사상이나 조직, 규범 등에서) 벗어남, 빠져 나감

임의적任意的

　강제나 제한이 없이 마음이 내키는 대로하는.

입자粒子

　[—짜] 물질을 이루는 매우 작은 낱낱의 알. 알갱이1.

입적入寂

　[—쩍] [명사] [하다형 자동사] 불교에서, 수도승의 죽음을 이르는 말. [적寂은 열반涅槃의 옮긴 말.] 귀적歸寂. 입멸入滅. 멸도滅度.

입적入籍

　[—쩍] [명사] [하다형 타동사] [되다형 자동사] ① 호적에 넣음. 예 사고로 부모를 잃은 그 아이는 큰 아버지의 호적에 입적되었다.
　② 명부 등에 끼임.

잉태孕胎

　아이를 뱀, 임신, 태잉, 회태와 같은 말

ㅈ

자ː장磁場

　자석이나 전류의 주위에 생기는 자력磁力이 미치는 범위. 자계磁界. 자기장.

자조적自嘲的

　스스로 자기를 비웃는.

자주적自主的

　간섭을 받음이 없이 자기 뜻과 책임 아래 처리하는.

잔존殘存

　없어지지 않고 남아서 쳐져 있음. 살아남음. 예 잔존병력

저류底流

(바닷물이나 강물의) 밑바닥을 흐르는 흐름. (겉에 드러나지 않은) 사물의 깊은 곳의 움직임을 비유하여 이르는 말 ⑨ 사회의 저류

적층적積層的

개인의 창작이 아니고 여러 사람들의 이야기가 모아진.

전가轉嫁

(자기의 허물이나 책임 따위를) 남에게 덮어씌움. ⑨ 책임을 전가하다.

전개展開

내용을 발전시켜 펼치는 것.

전기적傳奇的

이상하고 진기한.

전기적傳記的

일생의 사적을 중심으로 적은.

전도顚倒

엎어져서 넘어짐. 위와 아래를 바꾸어서 거꾸로 함. ⑨ 주객主客이 전도 되다.

전도前途

앞으로 나아갈 길. ⑨ 전도가 양양하다. / 장래 전도가 유망한 청년

전락轉落

나쁜 상태나 처지에 빠짐. ⑨ 창부娼婦로 전락하다.

전리품戰利品

싸움을 통해서 얻은 노획물

전범典範

본보기가 될 만한 모범.

전복顚覆

뒤집혀 엎어짐, 또는 뒤집어 엎음

전위적前衛的

예술 운동에서 가장 선구적인.

전제前提

추리에서 결론의 기초가 되는 판단.

전지적全知的

모든 것을 다 아는.

전통적傳統的

지난 세대에 이미 이루어져 그 후로 계통을 이루어 전하여 지는.

전횡專橫

권세를 오로지하여 제 마음대로 휘두름. 외척들의 전횡

전형적典型的

동류의 사물들 가운데서 그 사물의 특징을 가장 잘 나타내고 있는, 그 본보기로 삼을 만한.

절대적絶對的

아무런 조건도 붙지 않고 어떠한 제약도 받지 않는. 상대될 만한 것이 없는 ㉑ 상대적

접점接點

수학에서, 곡선 또는 곡면에 접선이나 접평면이 닿는 점, 접합점, 매개체

정곡正鵠

과녁의 한복판이 되는 점, 목표나 핵심의 비유

정서적情緒的

어떤 사물에 부딪혀서 일어나는 여러 가지 감정에 의한.

정수精髓

뼈의 속에 있는 골수, 사물의 중심을 이루고 가장 뛰어나고 중요한 것

정수精修

꼼꼼하게 학문을 닦음

정수靜修

고요한 마음으로 학문과 덕을 닦음, 심신을 조용히 하여 수양함

정시적
　드러내 보이는.

정제整齊
　바로잡아 가지런히 함

정제精製
　정성껏 잘 만듦. 조제품을 다시 가공하여 더 좋고 순도 높은 것으로 만듦

정제情弟
　친근한 벗에게 보내는 편지에서 '자기'를 가리켜 일컫는 말

정체正體
　본래의 참모습, 본마음

정체停滯
　(사물의 흐름이) 더 나아가지 못하고 한 곳에 머물러 있음

정체政體
　국가의 조직 형태(군주제, 공화제, 민주제)

제재制裁
　도덕·관습 또는 규정에 어그러짐이 있을 때 사회가 금지하기도 하고 도의상 나무라기도 하는 일. 예 여론輿論의 제제를 받다.

조소嘲笑
　비웃는 웃음. 비웃음 예 조소의 대상이 되다.

조응照應
　서로 비추어 대응함. 원인에 따라 결과가 생김.

조짐兆朕
　좋거나 나쁜 일이 생길 기미 예 심상찮은 조짐이 보인다.

종교적宗敎的
　신이나 또는 어떤 초월적인 절대자를 인정하여, 그것을 믿고, 숭배하는, 신앙하는.

종요롭다

없으면 안 될 만큼 요긴하다.

좇다

① 남의 뒤를 따르다. 예 시장에 가시는 어머니의 뒤를 좇아 나서다.

② 남의 뜻을 따라 그대로 하다. 예 스승의 교훈을 좇다.

③ 대세大勢를 따르다. 예 여론을 좇다.

쫓다

① 있는 자리에서 떠나도록 억지로 몰아내다. 예 참새 떼를 쫓다./푸닥거리를 하여 악귀를 쫓다.

② (달아나는 것을) 잡기 위해 급하게 뒤를 따르다. 예 흉악범을 쫓다./고양이가 쥐를 쫓다.

③ (졸음이나 잡음 따위를) 더 생기지 않게 물리치다. 예 졸음을 쫓으려고 찬물로 세수를 하였다.

좌시 坐視

옆에 앉아 보기만 하고 참견하지 않음. 예 좌시할 수 없는 일.

주관적 主觀的

개인적인 관점이나 견해를 가진.

주술적 呪術的

무당 등이 신의 힘이나 신비력으로 길흉을 점치고, 재앙을 물리치거나 복을 비는.

주정적 主情的

정서를 위주로 하는

주조 鑄造

녹인 쇠붙이를 거푸집에 부어 필요한 물건을 만듦.

주조 主潮

(한 시대나 사회의) 중심적인 사상이나 문화의 흐름, 또는 경향.

주지 主旨

주된 내용.

주지적主知的

① 감정·행동보다도 지성·사유 등의 지적인 것을 중심으로 하는.
② 지성을 위주로 하는.

중﹒간重刊

이미 펴낸 책을 거듭 박아 냄. 중각重刻.

지사적志士的

국가·겨레·사회의 앞날을 걱정하여 제 몸을 희생해서 일하려는 크고 높은 뜻을 가진.

지성知性

지각을 바탕으로 하여 새로운 인상을 형성하는 정신적인 작용.

지양止揚

더 높은 단계로 오르기 위하여 어떠한 것을 하지 아니함, 어떤 사물에 관한 모순이나 대립을 부정하면서 도리어 더 높은 단계에서 이것을 긍정하여 살려가는 일(변증법의 중요 개념), 양기揚棄와 같은 뜻

지양止揚

어떤 사물에 관한 모순이나 대접을 부정하면서 도리어 한층 더 높은 단계에서 이것을 살려 가는 일 예 이러한 방식은 지양하고 새로운 방식을 살려 보도록 합시다.

지향指向

정해지거나 작정한 방향으로 나가는 것. 또는, 그 방향. 예 지향 없이 가다.

지엽枝葉

중요하지 않은 부분 예 지엽적인 문제

직관直觀

지식이나 경험을 배제하고 그 자체대로 파악함.

직서적直敍的

상상이나 감상 등을 덧붙이지 않고 있는 그대로 서술하는.

직설적直說的

있는 그대로 말하는.

직시적直視的

사물의 진실한 모습을 바로 봄.

직접적直接的

중간에 제삼자나 어떤 사물을 개재시키지 않고 바로 접촉하는.

大

참회적懺悔的

잘못에 대하여 뉘우쳐 마음을 고치는.

창궐猖獗

(몹쓸 병이나 세력이) 자꾸 일어나서 걷잡을 수 없이 퍼짐 예 도둑떼가 창궐하다. 예 콜레라가 창궐하다.

천ː명闡明

(사실·내막 또는 의사 따위를) 분명하게 드러내거나 나타냄. 예 대통령 입후보 사퇴 사유를 기자 회견에서 천명하였다.

천ː명擅名

이름을 드날림.

천ː착穿鑿

구멍을 뚫음. (어떤 내용이나 원인 따위를) 파고들어 알려고 하거나 연구함. 꼬치꼬치 캐묻거나 억지로 이치에 맞지 않는 말을 함.

철학적哲學的

① 사물의 근본 원리를 추구하는.
② 철학에 기초한.

청안시青眼視

(남을) 반가운 마음으로 대하여 봄

초개草芥

지푸라기, 곧 하찮은 것을 비유하여 이르는 말. 예 목숨을 초개같이 여기다.

초연超然**하다**

① 어떤 수준보다 뛰어나다.

② 세속世俗에서 벗어나 있어 속사俗事에 구애되지 않다. 예 돈 문제에 초연하다. 예 초연히 살아가다.

촉진促進

재촉하여 빨리 나아가게 함.

추론推論

주장의 타당성을 논리적 방법으로 밝히는 과정.

추상秋霜

가을의 찬 서리.

추상적抽象的

① 낱낱의 별개의 사물·사항·구체적 개념에서 그것들에 공통된 속성을 뽑아 내서 이를 일반적인 개념으로 파악하는.

② 주장·논의 등이 실적의 구체적·개별적인 사정을 무시하고 있어 막연한. 일반적. 개념적.

추세趨勢

(그때의) 대세의 흐름이나 경향. 대세가 향하는 바나 그 형편. 예 세계적인 추세. 예 땅값이 하락 추세를 보이다.

추세趨勢

일이나 형편의 전반적인 형세 예 시대의 추세에 따르다.

추앙推仰

높이 받들어 우러름 국부로서 (추앙)하다

추이推移

일이나 형편이 변하여 옮김. 또는 그 모습 예 일의 추이를 지켜보자.

추종 追從

① [하다형 타동사] 남의 뒤를 따라 좇음. 예 타他의 추종을 불허不許하다.

② [하다형 자동사·하다형 타동사] 남에게 빌붙어 따름. 예추종 세력.

체취體臭

그 사람의 독특한 기분이나 버릇. 곧 '가장 개성적인 것'을 비유하여 이르는 말

취지趣旨

근본이 되는 종요로운 뜻. 취의趣意

치부恥部

(남에게 알리고 싶지 않은) 부끄러운 부분.

치환置換

바꿔 놓음

ㅋ

콜라주 collage

화면에 종이나 철사 나뭇잎 따위를 붙이는 근대 미술 기법에의 하나

ㅌ

타개打開

얽히고 막힌 일을 잘 처리하여 나아갈 길을 엶.

타파打破

규정이나 관습 같은 것을 깨뜨려 버림. 예 미신迷信 타파 / 악습惡習을 타파하다.

탐닉耽溺

어떤 일을 몹시 즐겨서 거기에 빠짐

탐미적耽美的

아름다움을 추구하거나, 미의 세계에 빠지거나 도취하는.

텁텁하다

성미가 까다롭지 않고 소탈하다. 눈이 개운하지 못하다.
(입맛이나 음식 맛이) 신선하거나 깨끗하지 못하다.

토로吐露

속마음을 모두 드러내어 말함. 예 심정을 토로하다.

통사적統辭的 구조構造

문장의 구조.

통설적通說的

세간에 널리 알려지거나 일반적으로 인정되어 있는.

통속적通俗的

일반에게 널리 통하는 대중적이며 보편적인.

통시적通時的

역사(시간)적으로 파악하는.

퇴폐적頹廢的

풍속·도덕·문화 따위가 문란하여 건전하지 못한.

투박하다

(생김생김이) 맵시가 없이 선이 굵고 거칠다. (말이나 행동 따위가) 다소곳하지 못하고 거칠다.

특수성特殊性

각각의 것이 지니고 있는 성질. 반 보편성

───────────── ㅍ ─────────────

파격破格

관례慣例나 격식格式에서 벗어난 일

풍류적風流的

속된 일을 떠나서 운치가 있고 멋스럽게 노는.

풍미風靡

초목이 바람에 쓸리듯, 어떤 위세가 널리 사회를 휩쓸거나, 또는 휩쓸게 함. 예 일세一世를 풍미하다.

풍미風味

음식의 고상한 맛, 멋스럽고 아름다운 사람 됨됨이

풍미豐味

푸짐한 맛, 풍요한 느낌

풍미豐味

풍만하고 아름답다

풍속風俗

오랜 이전부터 전해 오며 지켜지고 있는 생활상의 여러 가지 습속.

풍자적諷刺的

문학 작품 따위에서 현실의 부정적 현상이나 모순 등을 꾸짖는.

피발被·披髮

머리를 풀어 헤침. 부모상을 당하여 머리를 풀어 헤치는 일

필연적必然的

그렇게 될 수밖에 없는. 반 우연적

파급波及

어떤 일의 여파나 영향이 차차 다른 데로 미침

피력披瀝

심중의 생각을 털어 내어 말함. 예 견해를 피력하다.

ㅎ

함몰陷沒

(땅이나 물 속으로) 모짝 빠짐, 재난을 당하여 멸망함

함양涵養

　(자연스럽게 터득하도록) 차차 길러냄, (학식을 넓혀서) 심성을 닦음. 함육涵育
　예 도덕심의 함양涵養

함축적含蓄的

　말이나 글 가운데 많은 뜻이 집약되어 있는.

해설적解說的

　어떤 문제를 알기 쉽게 풀어서 설명하는.

해학적諧謔的

　우습고 익살스러운.

향토적鄕土的

　일정한 지방에 특유한 자연과 풍속 또는 생활 등을 전제로 한.

허구적虛構的

　실제로는 없는 사건을 작자의 상상력에 의하여 창조해 내는.

현실적現實的

　존재하거나 또는 실현되어 있는.

현학적衒學的

　학식의 두드러짐을 자랑하여 뽐내는.

협잡挾雜

　옳지 않은 짓으로 남을 속임, 또는 그 짓

형식적形式的

　내용을 따르지 않고 겉발림으로 하는.

형이상학적形而上學的

　초감각적인 세계를 진실의 실제라고 생각하고, 순수한 사고에 의하여
　인식하려는.

형이하학적形而下學的

　감성적 현상을 대상으로 한.

호도糊塗

　[풀을 바른다는 뜻으로] 근본적인 조처를 하지 않고 일시적으로 얼버무려 넘김. 어물쩍하게 넘겨 버림. ㉠ 사건의 진상을 호도하다.

홍곡 鴻鵠

　① 큰 기러기와 고니. 큰 새.
　② '큰 인물'을 비유하여 이르는 말.

환상적幻想的

　현실적 기초도 가능성도 없는 헛된 생각이나 공상.

환영幻影

　실제로는 눈앞에 없는 사람이나 물건이 마치 있는 것처럼 보이다가 사라져 버리는 현상, 곡두, 헛기운과 같은 말

환원還元

　① 본디의 상태로 되돌아감, 또는 되돌림
　② 어떤 물질이 산소의 일부, 또는 전부를 잃거나 수소와 화합함, 또는 그런 변화
　③ 천도교에서, 사람의 '죽음'을 이르는 말.

훈도 薫陶

　학문이나 덕으로써 사람을 감화感化함

훈도訓導

　가르쳐 이끌어 나가다.

훈육訓育

　가르쳐 기름. 의지나 감정을 함양하여 바람직한 인격의 형성을 목적으로 하는 교육.

회의적懷疑的

　어떤 일에 의심을 품는.

횡행橫行

　거리낌 없이 멋대로 행동함.

희화적戱畵的

익살맞게 그린. 우스꽝스러운.

힐문詰問

(잘못을) 책망하여 따져서 물음

함양涵養

서서히 양성養成함. 학문과 식견을 넓혀서 심성을 닦음. 예 도덕심을 함
양하다.

호도糊塗

(근본적인 조처를 하지 않고) 일시적으로 얼버무려 넘김. 어물쩍하게 넘겨 버
림. 예 사건의 진상을 호도하다.

혼돈混沌

사물의 구별이 확실하지 않은 상태

호소呼訴

제 사정을 관부官府나 남에게 하소연함.

회의懷疑

인식이나 지식에 결정적인 근거가 없이 그 확실성을 의심하는 정신 상
태. 예 지금까지 해 온 일이 과연 옳은 일인지 회의가 느껴진다.

회자膾炙

널리 사람의 입에 오르내림.

횡행橫行

제멋대로 행동함. 예 횡행활보

수능**국어**
개념사전

초판 인쇄   2024년 5월 13일
초판 발행   2024년 5월 20일

지은이   유정민·정재현·심민경
펴낸이   김상철
발행처   스타북스
등록번호   제300-2006-00104호
주소   서울시 종로구 종로 19 르메이에르종로타운 B동 920호
전화   02) 735-1312
팩스   02) 735-5501
이메일   starbooks22@naver.com

ISBN   979-11-5795-735-4 53710